送られた相手が元気になる
お見舞い・お悔やみ・励まし文例集

現代レター研究会　著

法研

はじめに

病気、けが、災害、失業、離婚、身内の死など、人はいつ、思いもよらぬアクシデントに襲われるかわかりません。

そうした状況に絶望し、これからどのように生きたらよいのかわからなくなってしまったとき、親しい方の心のこもった励ましのことばほど、勇気を与えてくれるものはありません。短いことば1つで、前向きに生きる元気が湧いてくることもあります。


こうした励ましのことばは、お会いして直接伝える方法もありますが、相手が入院していたり、直接会う気力がない様子だったりしたら、手紙やはがきで励ましのことばを贈るほうが有効な場合もあります。また、最近は高齢者の方でもメールに慣れた人も多いので、メールを使う方法もあります。

ただし、手紙・はがき・メールの使い方を間違えると、相手を不快にさせて逆効果になることもあるので注意しましょう。事が深刻な場合はメールでは失礼です。また、内容がほかの人の目に触れると支障がある場合は、はがきではなく、手紙を用いるのがマナーです。

「お悔やみ」や「病気見舞い」は、丁寧に封書による手紙が基本です。ただし、病気や身内の不幸などから回復し、たまにはランチでもどうかと誘うようなときは、手紙では時間がかかるし、重い印象があるので気軽なメールが便利でしょう。本書では、このように丁寧な手紙がふさわしいケース、はがきでもよいケース、メールくらいの軽さが逆に相手に負担をかけずにすむケースなど、各文例に示しているので、内容にふさわしいツールを利用するとよいでしょう。

がんの治療を続ける友人、リストラに遭った先輩、離婚したと聞いた従妹、夫を事故で亡くした親友など、励ましてあげたい相手には、本書を参考に、ぜひ心のこもった手紙やメールを送って差し上げましょう。あなたの励ましによって、あなたの大切な方が笑顔になれることを祈っています。

現代レター研究会

本書の利用のしかた

受け取る人との関係やおたよりの種類

送信手段（手紙・はがき・メール）

お見舞い・お悔やみ・励まし状の書き方のポイント

家族へのお悔やみ状の書き方

お悔やみ状を出すタイミング

お悔やみ状は、次のようなケースに送ります。

①葬儀に参列できなかった場合
②家族葬などで知らされなかった場合
③葬儀後の安否を気づかう場合

そして、喪中欠礼が届いてはじめて不幸を知った場合は、寒中見舞いなどに替えてお悔やみ状を送ることもあります。

おたよりだけでなく、香典や供物を贈る場合、その案内を兼ねることもあります。

封書で送るのが一般的

お悔やみ状の送り方は、人の死に関わることなので、ほかの人に読まれないように手紙（封書）で送るのが基本です。ただ、葬儀から日数が経ち、回復している様子なら、「落ち着いたら食事を……」など、励ますはがきやメールを送る人も増えています。

頭語などは省く

お悔やみ状は、まず哀悼の意を表すのが第一なので、手紙の決まりごとである「頭語」「時候のあいさつ」などの前文は省いて、いきなりお悔やみのことばから述べるのが通常です。ただし、葬儀から時間が経ち、お悔やみの気持ちとともに励ましの気持ちを伝えるような手紙は、通常のルールに則り前文などを用いてもかまいません。

また、「前略」「拝啓」などの「頭語」を略した場合でも結語に「合掌」を用いることはよくあります。

最近は気にされる方は少なくなったようですが、不幸が重なることを連想させる「くれぐれも」「重ね重ね」といった忌みことばは使わないほうが無難です。

156

送る人と受け取る人の年齢・性別

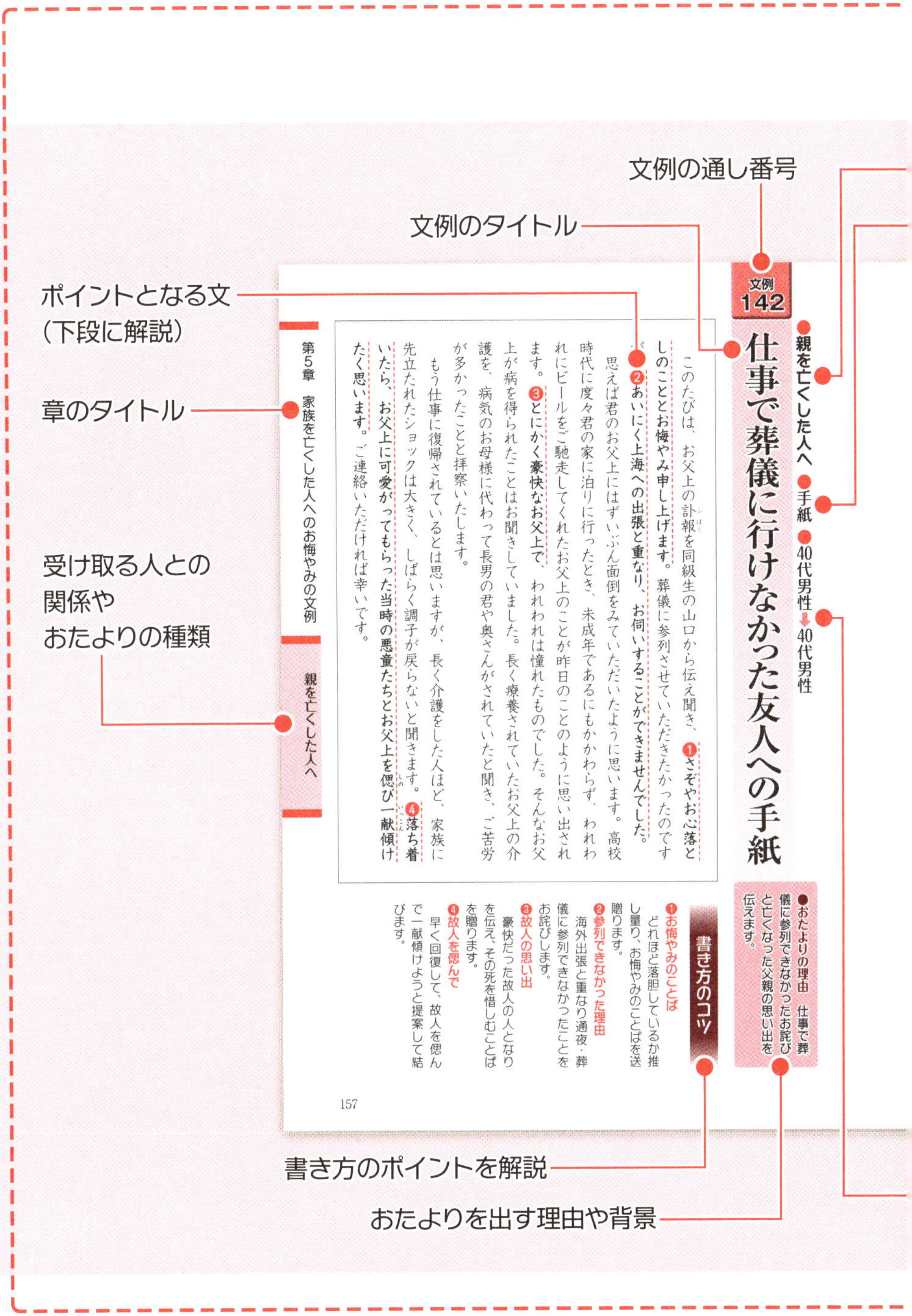

文例 142

仕事で葬儀に行けなかった友人への手紙

●親を亡くした人へ ●手紙 ●40代男性→40代男性

このたびは、お父上の訃報《ふほう》を同級生の山口から伝え聞き、❶さぞやお心落としのこととお悔やみ申し上げます。葬儀に参列させていただきたかったのですが❷あいにく上海への出張と重なり、お伺いすることができませんでした。

思えば君のお父上にはずいぶん面倒をみていただいたように思います。高校時代に度々君の家に泊りに行ったとき、未成年であるにもかかわらず、われわれにビールをご馳走してくれたお父上のことが昨日のことのように思い出されます。❸とにかく豪快なお父上で、われわれは憧れたものでした。そんなお父上が病を得られたことはお聞きしていました。長く療養されていたお父上の介護を、病気のお母様に代わって長男の君や奥さんがされていたと聞き、ご苦労が多かったことと拝察いたします。

もう仕事に復帰されているとは思いますが、長く介護をした人ほど、家族に先立たれたショックは大きく、しばらく調子が戻らないと聞きます。❹落ち着いたら、お父上に可愛がってもらった当時の悪童たちとお父上を偲《しの》び一献《いっこん》傾けたく思います。ご連絡いただければ幸いです。

第5章 家族を亡くした人へのお悔やみの文例

親を亡くした人へ

●おたよりの理由 仕事で葬儀に参列できなかったお詫びと亡くなった父親の思い出を伝えます。

書き方のコツ

❶お悔やみのことば
どれほど落胆しているか推し量り、お悔やみのことばを送ります。

❷参列できなかった理由
海外出張と重なり通夜・葬儀に参列できなかったことをお詫びします。

❸故人の思い出
豪快だった故人の人となりを伝え、その死を惜しむことばを贈ります。

❹故人を偲んで
早く回復して、故人を偲んで一献傾けようと提案して結びます。

157

第3章 家族が病気の人へのお見舞いの文例

第4章 事故や災害を見舞う文例

第6章 転機を迎えた相手への励ましの文例

励ましへの返礼の書き方……240

第1章

これだけ知っていれば手紙・はがきは簡単!!

手紙の基本的な組み立て方

会話と同様の構成を組み立てる

手紙は、人と会って話をするときの流れと同じような構成で書きます。たとえば、あいさつ（**前文**）をしたあとに本題（**主文**）を話し、最後に再びあいさつ（**末文**）をして別れます。ただ手紙の場合は「**後付け**」、主文に書きもらしたことを付け加える「**追伸**」が加わることがあります。追伸は、正式な手紙では避けたほうがよいので、基本構成には加えません。

また、目上の人にはあいさつは欠かせませんが、親しい場合は本題から始めることもあります。

基本の4ブロック構成

基本構成に従えば、礼儀にかなった手紙を書くことができます。

●前文＝初めのあいさつ

「**頭語**」「**時候のあいさつ**」「**安否、感謝、お詫びのあいさつ**」で構成されます。頭語は手紙の最初のあいさつで文末の結語とセットで使います。時候のあいさつは、頭語から1字あけて季節感を表すことばで書き始めます。安否・感謝・お詫びのあいさつは、相手の健康や安否の気づかいやお世話になったことへの感謝、ご無沙汰しているお詫びなどのあとに自分の現況を知らせることばを添えます。

●主文＝手紙の本題

冒頭で「**起語**」を使って唐突な書き出しにならないようにします。起語は「さて、この度は、突然ですが、先日は」などです。

●末文＝手紙を締めくくる文

結びのあいさつは、要件のまとめ、今後の健康や繁栄を祈ることば、乱筆のお詫びなどです。結語は、頭語とセットで使います。

●後付け＝日付・署名・宛名

日付と宛名は上部に、署名は下部に書きます。

手紙の基本的な組み立て方

【縦書きの場合】

あらたまった相手に送るフォーマルな手紙は縦書きが適しています。

❶拝啓　❷前例のないほどの暑さが続く毎日ですが、❸皆様お変わりなくお過ごしでいらっしゃいますか。❹私ども家族一同は変わらず元気にしております。いつも何かと気にかけていただき、ありがとうございます。
❺さて、❻暑気払いをかねてお盆休みにわが家の庭でバーベキューをしようと考えており、子どもたちも大変楽しみにしております。お盆の間はこちらにいらっしゃると聞いておりますので、ぜひご家族とご一緒にと願っておりますが、ご都合はいかがでしょうか。お会いできることを楽しみにしています。
❼それまで、この暑さのお疲れが出ませぬよう、くれぐれもご自愛くださいませ。
❽敬具
❾七月十二日
❿佐々木雄二
佳美
⓫丸山　健司様
佐代子様

〈前文〉❶**頭語**：1行目の行頭に書く。❷**時候のあいさつ**：頭語の後に1字あけて続けるか、改行して1字下げて書く。❸❹**安否のあいさつ**：まず相手の安否を気づかい、次に自分側のことを書く。
〈主文〉❺**起語**：主文の書き出し。❻**本文**：伝えたい要件を明確に伝える。
〈末文〉❼**結びのあいさつ**：相手の健康や繁栄を祈ることばを入れる。❽**結語**：頭語とセットで。
〈後付け〉❾**日付**：行頭から1～2字下げる。❿**署名**：親しい間柄ならフルネームでなくともよい。⓫**宛名**：行頭または1字下げ、本文より大きめに。

【横書きの場合】

親しい相手に送るカジュアルな手紙は横書きでかまいません。

❶島崎夕子様
心地よい新緑の季節となりました。お元気ですか？
先日は、内祝をいただき、ありがとうございました。
家族が一人増えて、私たち夫婦もより一層キズナを強くした思いです。「赤ちゃんて毎日見ていてもあきないよ」と言っていた夕子のことばどおり、毎日楽しく過ごしています。
❷仕事は相変わらず忙しいですか？　たまにはゆっくり遊びに来てください。待っています。
❸5月15日
❹小百合

❶**相手の名前**：横書きでは前付けにする。❷**結語**：「それでは　また」「さようなら」でもよい。❸**日付**：算用数字で書く。❹親しい間柄ならフルネームでなくてもよい。

はがきの基本的な組み立て方

スペースを考え簡潔にまとめる

はがきは、お礼状や挨拶状、事務的な連絡などに適しています。基本構成は手紙と同じですが、場合によっては後付けは必要なく、前文・主文・末文の3ブロックで構成します。

各ブロックの中でも、前文の頭語は入れなくてもかまいません。入れる場合は、頭語に対応する結語も入れます。

限られたスペースの中に用件を的確に、読みやすくまとめるのは難しいものですが、縦書きは7～10行、横書きは15行ぐらいで形式に従って書けば、あとは形を整えるだけです。

縦書きの場合

目上の方に宛てる場合やあらたまった内容を出す場合は、表書きも裏書も縦書きにします。スペースが限られているので、あまり細かく書き過ぎると相手が読みづらくなるので気をつけましょう。

はがきの文面（裏面）は、上下左右に1㎝ほどの余裕をもたせ、文字の大きさに注意しながら書くと、全体のバランスがよくなり読みやすくなります。

横書きの場合

縦書きよりもカジュアルな書き方なので、親しい間柄の相手にふさわしく、儀礼的なお礼やあいさつ向きではありません。

時候のあいさつや主文も形式ばらずに、親しみのもてることばを心がけるとよいでしょう。頭語・結語も省略して簡潔にまとめます。

ただし、カジュアルとはいえ相手に失礼なことばづかいや、誤字・脱字に気をつけて書くように心がけましょう。

はがきの基本的な組み立て方

【縦書き・裏面】

❶あいかわらず暑い日が続いていますが、皆様お元気でお過ごしでしょうか？
❷さて、このたびは地の海産物をお送りいただきありがとうございました。
ご主人が出張先からわざわざ送ってくださったようで、いつも気にかけていただきうれしいです。いろいろな調理方法で堪能しています。
❸まだまだ暑い日が続くとのこと。お身体にはくれぐれもお気をつけください。
ご主人にもよろしくお伝えくださいますように。
❹取り急ぎ、お礼まで。

❶はがきは略式なので頭語は省いてもよい。
❷本文は用件を絞って書き簡潔にまとめる。
❸結びのあいさつは改行して１字下げて書く。
❹はがきは「とりあえずのお礼の気持ちを伝える」場合が多く、この表現を多く使う。

【縦書き・表面】

郵便はがき
7100012
切手
❺岡山県倉敷市若葉町三―四―五
グリーンハイツ６０７号室
❻藤井由美子様
❼東京都三鷹市井の頭一―二―三
田中恵子
1810007

❺宛先の住所は郵便番号枠の右側にそろえる。❻宛名は中央に大きめに書く。❼差出人の住所は切手の右下にそろえる。

【横書き・裏面】

❶寒中お見舞い申し上げます。

❷楽しい年賀状をありがとう。ご無沙汰していますが、❸ご家族の皆さんもお変わりありませんか？
こちらも、夫婦ともども相変わらず忙しく、あっという間に新しい年になる気分。いつかのんびり旅行でもする年末年始にしたいね、などと今年も話しています。
❹今年の寒さは、この後もまだまだ厳しいようです。体調管理に気をつけて、おたがい元気な１年にしましょう。

美子

❶最初のあいさつは少し大きめに書く。❷親しい相手には頭語・結語は省いてよい。❸まず相手の安否を尋ねて自分の安否を知らせる。❹署名や日付はなくてもよい。

【横書き・表面】

郵便はがき
7398602
切手
❺広島県東広島市西条町東890
❻瀧本真一様
❼宮城県仙台市青葉区本町4-5-6
石井美子
9800034

❺住所は切手の下１㎝くらいあけて書きはじめる。番地は算用数字。❻宛名は中央に大きめに書く。❼差出人の住所・名前は右下に書く。

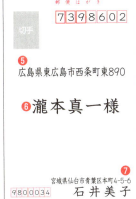

封筒の基本的な書き方

和封筒の書き方

宛名の書き方は、はがきと同じです。相手への敬意や内容を示す「御中」「親展」「至急」などの「脇付」は、必要に応じて宛名の左下にやや小さく書き添えます。

宛名が連名の場合は、それぞれに敬称をつけ、目上の人から先に書きます。あらたまった手紙には二重の封筒を使いますが、不祝儀には「重なる」意味にとれることから使いません。封は必ずのり付けします。

【表書き】

（個人宛）

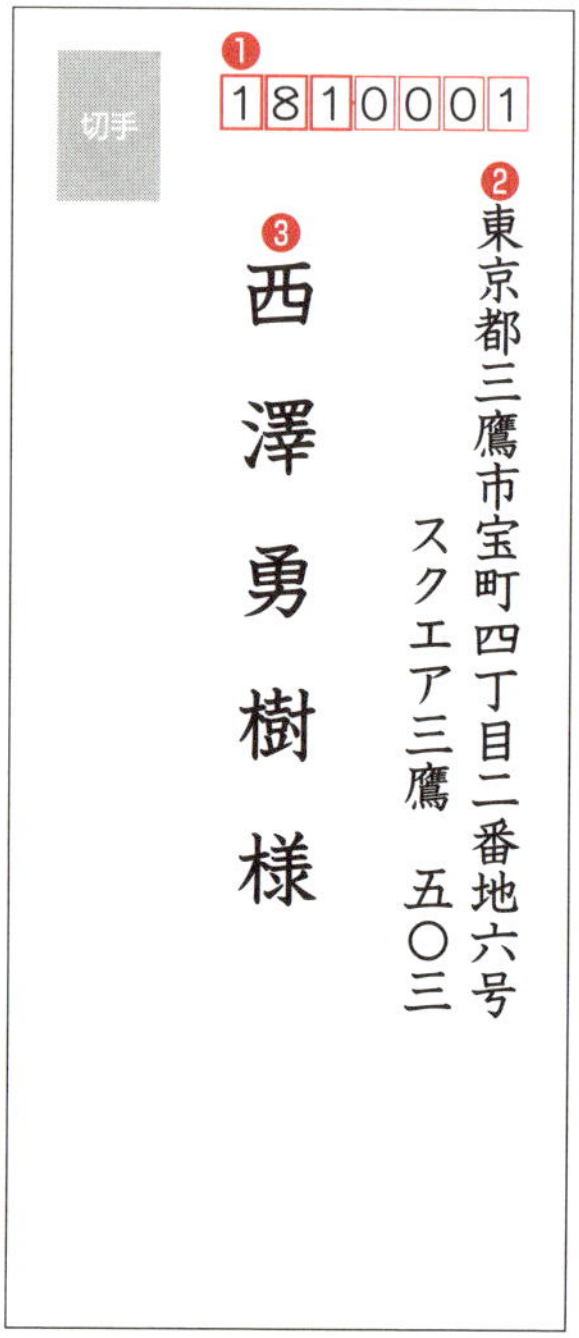

（会社宛）

❶郵便番号の枠がない封筒は番号だけを書く。❷長い住所は番地が別れないように2行にする。❸宛名は住所より1文字下げて中央に大きく書く。❹社名は住所より小さめに正式名称を書く。❺社名と部署名の間は1字分あける。❻肩書は3文字までは1行、4文字までは2行、5文字以上は名前の右に書く。❼内容を表す「脇付」。

【裏書き】

（郵便番号の枠がない場合）

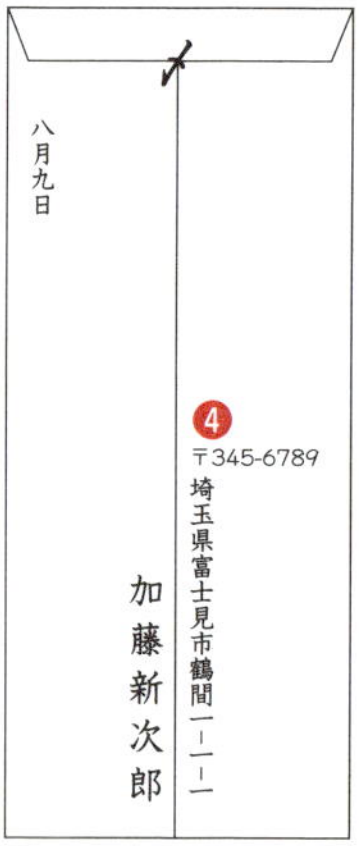

（郵便番号の枠がある場合）

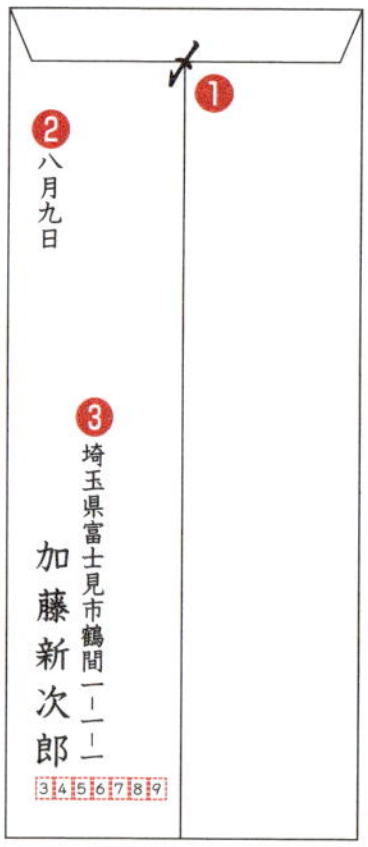

❶「〆」「封」「緘」などの封字を書く。
❷日付を入れる場合は左上に書く。
❸住所・名前は❹のように書くのが正式だが、左半分に書いてもよい。名前は住所より大きめ。

洋封筒の書き方

宛名などの書き方は、基本的に和封筒と同じです。縦書きにするか横書きにするかは、どちらでもかまいませんが、あらたまった手紙や不祝儀の場合は縦書きにします。会社関係の方への手紙の場合、和封筒同様に住所→会社名→所属部署名→（肩書）相手の名前という順番で書きます。

横書きの住所の書き始めは、端により過ぎないように、左端から2文字くらいスペースをあけて書き始め、番地などの数字は算用数字を使います。

【横書き・表面】

（横長封筒）

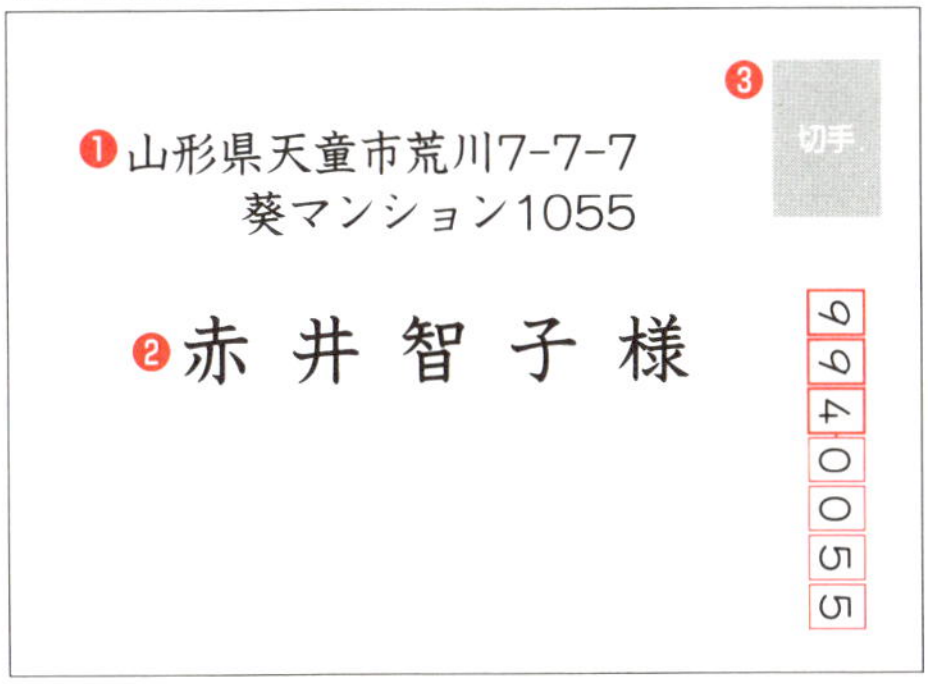

（縦長封筒）

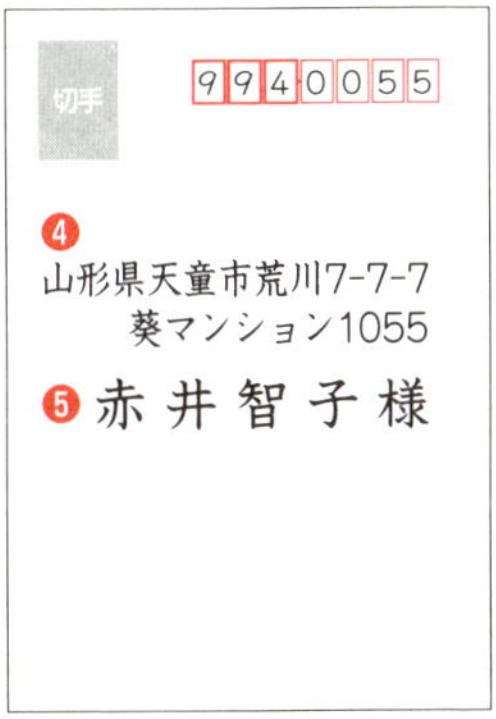

❶住所は封筒の上3分の1くらいにおさめる。2行目は1～2文字分右へずらす。❷宛名は封筒の中央に大きめに書く。住所より1文字分下げる。❸切手は右上に貼る。❹住所は切手の左端と郵便番号の枠の右端の間の中央におさめる。❺宛名は封筒の中央より少し下に書く。

【縦書き・表面】

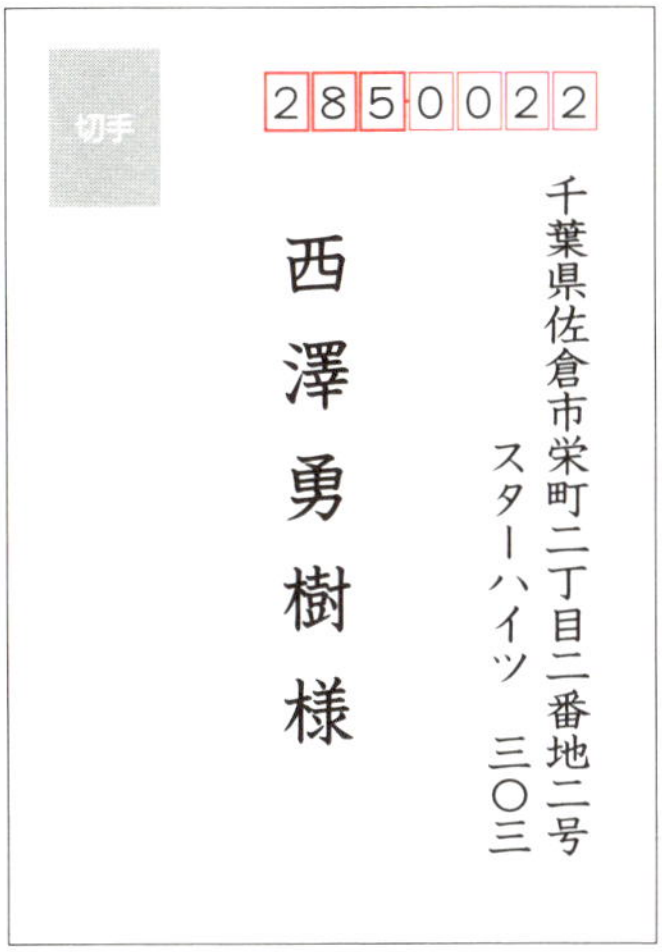

和封筒の縦書きと基本的には同じ。あらたまった相手に出すときは、洋封筒でも縦書きにする。

【縦書き・裏面】

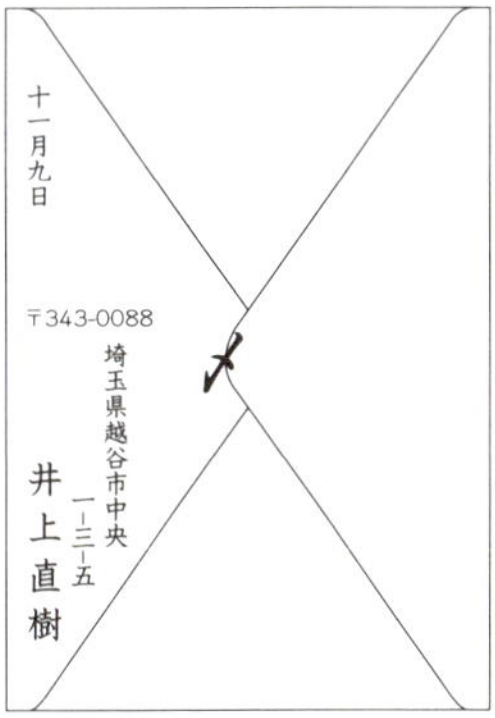

右から封を閉じる「〆」が一般的。左に住所・名前・日付を書く。

【横書き・裏面】

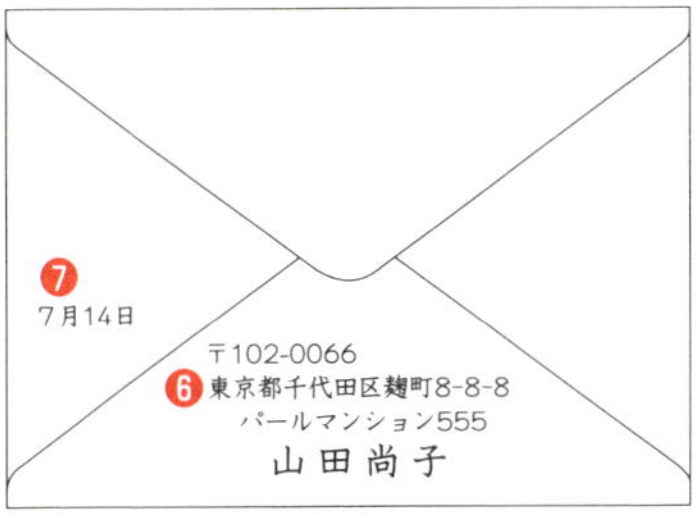

横書きの場合は封字を省略するのが一般的。❻住所を閉じ口下の三角の部分におさまるように書く。❼日付は左上に書く。

頭語と結語の組み合わせ方

頭語と結語は対で使う

頭語はあいさつの「こんにちは」にあたるもので、一般的によく使われる「前略」「拝啓」などがそうです。結語は「さようなら」にあたり、一般的には「敬具」「草々」などです。手紙は、頭語で始まり結語で終わります。

その組み合わせには一般的なもの、より丁寧にあらたまった場合、前文を省略する場合などがあり、手紙の内容や相手との関係によって使い分けます。誤った使い方をしないように、正しい組み合わせを覚えましょう。

書き方は、頭語は1行目の一番上から書き、結語は全体の文章の下端から1～2文字上げたところに最後の文字が来るように書きます。

頭語と結語を省略できるケース

年賀状、暑中見舞いなど季節のあいさつ状、お悔やみの手紙、お見舞いの手紙、弔事の手紙、詫び状では頭語と結語を省略します。

このほか、親しい相手に書く手紙の場合、頭語と結語を省略し、時候のあいさつや安否のあいさつから書き始めたほうが、硬い印象にならないで心が伝わることもあります。

便利な頭語・結語で気を付けたいこと

よく使われる頭語の「前略」は、便利なことばですが、前文を省略する意味なので、時候のあいさつや「お元気でお過ごしでしょうか」という前文は入れません。

女性専用の結語として使われる「かしこ」は、ほとんどの頭語と組み合わせることができます。また前文を省く場合でも使えますが、ビジネスの手紙には使いません。

頭語と結語の使い方

手紙の種類	頭語	結語	ポイント
一般的な手紙	拝啓、拝呈、啓上、拝進、一筆啓上、*お手紙さし上げます	敬具、敬白、拝具、*かしこ、ごきげんよう	「拝啓－敬具」が一般的。女性は「かしこ」で結ぶスタイルが多い。
あらたまった手紙	謹啓、謹呈、恭啓、粛啓、*謹んで申し上げます	謹言、謹白、敬白、頓首、再拝、*かしこ	「謹啓－敬白」が一般的。あらたまった相手にははがきは不適切
急ぎの手紙	急啓、急白、急呈、*取り急ぎ申し上げます、*略儀ながら申し上げます	不一、草々、敬具、怱々、不備、不尽、以上、*かしこ	文頭で急ぎの用件であることを伝える。気持ちを伝える礼状には不向き
前文を省略する手紙	前略、冠省、略啓、*前略ごめんください、*前文お許しください	草々、怱々、不一、不備、不尽、*さようなら、*かしこ	時候のあいさつなどは省略する。儀礼的な場合や礼状には不向き
返事の手紙	拝復、拝誦、謹答、謹復、お手紙を拝見しました、*お手紙ありがとうございました	敬具、敬白、拝答、謹答、拝具、まずはご返事まで、*さようなら、*かしこ	「謹んでお返事いたします」という意味で、「拝復－敬具」、「拝復－敬白」が一般的

*主に女性が使う表現

「時候のあいさつ」のいろいろ

各月の時候の特徴

手紙の中で頭語の次にくるのが時候のあいさつです。気候や季節の移り変わりを表すことばですが、相手の健康を気づかう意味もあります。月ごとの定型句もありますが、親しい方へは自分なりの表現で各月の季節感を工夫して相手に伝えるとよいでしょう。

【1月】 新しい年を迎える月。縁起のよい風景や出来事を入れ、相手の1年の多幸を確信するように書くとよいでしょう。

【2月】 節分・立春を迎え、春が始まります。少しずつ訪れる春に焦点をあて、温か味のある内容にするとよいでしょう。

【3月】 梅・桃・桜をはじめ、たくさんの草花が咲き誇る自然の様を表現。異動の時期でもあり、環境がよい方へ向かうような華やかなことばを選ぶとよいでしょう。

【4月】 新年度にあたり、相手がどのような思いなのか、環境にあるのかを配慮してことばを選びましょう。

【5月】 一番清々しい季節です。草木の緑の様子、香り、心地よい風などを表現するとよいでしょう。

【6月】 気分が滅入るような天候が続くので、紫陽花や瑞々しい草木の様子を書いて心にすがすがしい風が通り抜けるような表現をしたいものです。

【7月】 小暑、大暑を迎え暑い時期となるので相手の健康を気遣う表現、気分だけでも涼しくなる表現をしましょう。

【8月】 暦の上では秋の始まりですが、一番暑い時期です。元気をもらえる花火や夏祭りなどの話題を入れてひと工夫。

【9月】 夏から秋へ移行する季節感を表現します。ひと雨ごとにやわらぐ暑さ、朝・晩に感じる心地よい風など。

【10月】「秋晴」「秋日和」「天高く」「秋麗」など、相手の心までも晴れやかになるような内容を心がけましょう。

【11月】日毎に寒さも身にしみる季節です。冬の訪れを楽しむことばで、相手の心が温まり元気になるように心がけます。

【12月】忙しい時期なので、健康を気遣うことばや一年間お世話になった感謝のことばで表現するとよいでしょう。

春・夏・秋・冬のあいさつ文例

【春】30代女性➡60代女性

拝啓　桜のつぼみもほころび始め、由紀子さんのご容態も回復に向かわれていると伺い、たいへん喜んでおります。

おばさまにはお変わりございませんでしょうか。

来週、由紀子さんのところへ伺います。

【夏】40代女性➡60代男性

謹啓　盛夏の頃、先生のご静養先の熱海でも、夜空に大輪の花を咲かせる花火をご覧になっていることでしょう。

ご退院後、いかがお過ごしでしょうか。ご無理をなさらないよう、ゆっくりご静養ください。

【秋】20代女性➡40代男性

啓上　日ごとに寒さが身にしみ、リハビリ中の先輩におかれましては、厳しい季節となりましたが、温かい鍋料理と日本酒がおいしい季節です。

来週、きのこ狩りの帰りにお宅へ伺いますので秋の味覚をご堪能ください。

【冬】30代女性➡30代男性

拝啓　新年を迎え、田中さんにとっても良い1年になりますよう、正月休みに撮影したダイヤモンド富士の写真を同封します。この写真は縁起がいいそうで、田中さんのお部屋に飾っていただければ、今年はきっと幸運が巡ってくるでしょう。

書き出し「あいさつ」の定型例

1月（睦月・正月・初月・太郎月）

・新春の候（～のみぎり・～の節）、厳寒の候、初春の候

・新春のみぎり、ますますご健勝のこととお喜び申し上げます。

・松の内も過ぎ、街中にも賑わいが戻ってまいりました。

・寒中お見舞い申し上げます。

2月（如月・梅見月・初花月）

・残寒の候（～のみぎり・～の節）、余寒の候、春寒の候、梅花の候、向春の候

・立春を迎え、ますますご活躍のことと存じます。

・梅もほころびはじめ…

3月（弥生・花見月・桜月・桃月）

・早春の候（～のみぎり・～の節）、春風の候、春陽の候、春分の候、弥生の候

・暑さ寒さも彼岸までと申しますが、まだまだ寒い日が続いております。

・桜の開花を待ちわびる季節です。

4月（卯月・卯の花月・花残月）

・陽春の候（～のみぎり・～の節）、仲春の候、晩春の候、桜花の候、春爛漫の候

・各地から花の便りがとどく頃…

・春うららか、満開の桜に心もうきうきして…

・花吹雪が舞う季節となりました。

5月（皐月・菖蒲月・早苗月・橘月）

・新緑の候（～のみぎり・～の節）、若葉の候、薫風の候、初夏の候、立夏の候

・新緑のみぎり、ますますご健勝のことと存じます。

・風薫るさわやかな季節となりました。

・鯉のぼりが五月の空を気持ちよさそうに泳ぐ季節となりました。

6月（水無月・風待月・葵月・松風月）

・初夏の候（～のみぎり・～の節）、青葉の候、向暑の候、

入梅の候、麦秋の候
・入梅のみぎり、お変わりなくご活躍のこととお喜び申し上げます。
・紫陽花の花が美しい季節となりました。
・梅雨の晴れ間の青空に夏を感じる今日この頃です。

7月（文月・七夕月・親月・七夜月）

・盛夏の候（～のみぎり・～の節）、仲夏の候、猛暑の候、酷暑の候、大暑の候
・朝顔が咲き競う季節となりました。
・風鈴の音が涼を呼ぶ盛夏となりました。
・暑中お見舞い申し上げます。

8月（葉月・秋風月・草津月・月見月）

・残暑の候（～のみぎり・～の節）、残夏の候、晩夏の候、初秋の候、立秋の候
・晩夏の候、いまだ衰えぬ暑さでございますが…
・残暑お見舞い申し上げます。

9月（長月・菊月・紅葉月・夜長月）

・初秋の候（～のみぎり・～の節）、新秋の候、秋涼の候、白露の候、野分の候
・初秋のみぎり、日ごとに空が青く澄んでまいりました。
・天高く馬肥ゆる秋と申しますが…

・コスモスが風にゆれて爽やかな秋となりました。

10月（神無月・時雨月・初霜月）

・秋涼の候（～のみぎり・～の節）、清秋の候、爽涼の候、紅葉の候、錦秋の候
・秋の日はつるべ落としと申しますが、日がずいぶんと短くなってまいりました。
・山々が赤や黄に染まる頃となりました。
・紅葉の鮮やかな季節となりました。

11月（霜月・神楽月・雪待月・雪見月）

・晩秋の候（～のみぎり・～の節）、向寒の候、暮秋の候、初霜の候、氷雨の候
・菊花の候、お健やかにお過ごしでしょうか。
・穏やかな小春日和の今日この頃、ご健勝のことと存じます。
・冬が駆け足で近づいている今日この頃ですが…

12月（師走・春待月・極月・臘月）

・初冬の候（～のみぎり・～の節）、師走の候、新雪の候、年末の候、寒冷の候
・木枯らしが吹きすさぶ季節がやってまいりました。
・真っ赤なポインセチアの花が街に彩りを添えています。
・いよいよ本年も残り少なくなってまいりました。

失敗しない敬語の使い方

敬語を使い分ける

一般的に敬語は、「尊敬語」「謙譲語」「丁寧語」の3つに分類されていました。最近では、謙譲語と丁寧語をそれぞれ細かく分けて、5分類になっています。

尊敬語…「いらっしゃる・おっしゃる」型
謙譲語Ⅰ…「伺う・申し上げる」型
謙譲語Ⅱ…「参る・申す」型
丁寧語…です・ます型
美化語…「お酒・お料理」型

このほか、敬語に準ずるものとして、改まり語があります。たとえば「今日」＝「本日」、「さっき」＝「先ほど」、「後で」＝「後ほど」などです。

「お」と「ご」の使い方

尊敬語や謙譲語で使う「お」と「ご」は、訓読みのことばに「お」、音読みのことばに「ご」を付けるのが一般的です。

●「お」が付くことば
お名前、お住まい、お知らせ、お食事、お話、お気持ちなど

●「ご」が付くことば
ご氏名、ご住所、ご通知、ご進物、ご招待、ご感想など

尊敬語と謙譲語の区別に注意する

敬語の難しさは、尊敬語と謙譲語の区別のつけにくさにあります。尊敬語の「お～になる、ご～になる」と、「お～する、ご～する」は、誤りやすいものです。

この見分け方は、「なる」と「する」の違いを見極めることです。「なる」は、「雪が溶けて川になる」のように、人の力の及ばないところによる変化をさします。「する」は、人の動作を表します。

相手が、**お**話になる。→尊敬語
自分が、**お**話しする。→謙譲語

尊敬語・謙譲語の使い方

基本(動作・人・事物・場所)	尊敬語(相手側)	謙譲語(自分側)
いる	いらっしゃる、おいでになる、おられる	おる
する	される、なさる、*あそばす	いたす、させていただく
見る	ご覧になる、見られる、お目にとまる、ご高覧ください、*ご高覧あそばす	拝見する、見せていただく
言う	おっしゃる、言われる	申す、申し上げる
聞く	お聞きになる、聞かれる、お聞きくださる	伺う、承る、お聞きする、拝聴する
思う/考える	思われる、お思い(お考え)になる、おぼしめす、ご高察くださる、ご賢察くださる	存ずる、存じ上げる、拝察する
行く	いらっしゃる、おいでになる、お見えになる、お越しになる、来られる、お立ち寄りいただく、ご来訪いただく	参る、上がる、伺う
知る	お知りになる、ご存知になる	存じ上げる、存じる、存じております、承る
受け取る/もらう	お納めになる、お受け取りになる、ご入手(される・になる)、ご受領、ご査収	いただく、賜る、拝受する、入手する、受領する
送る/贈る	お送(贈)りになる、送(贈)られる、ご恵贈いただく	お送(贈)りする、送(贈)らせていただく、ご送付する、拝送する
相手/自分	あなた、あなた様、貴兄、貴殿、大兄、貴君(友人・後輩)、貴女(友人・後輩)	私、私ども、当方、手前ども、小生
家族	ご家族(様)、ご一同様、ご一家、皆様、皆々様、ご家族の皆様	私ども、家族、一同、一家、家族一同、皆々、家中
品物・贈り物	お心づくし、けっこうな品、ご厚志、ご芳志、ご高配、ご配慮、佳品	心ばかりの品、気持ちばかりの品、ささやかな品、粗品、寸志(目下の人へ)
家	お宅、貴宅、貴邸、尊宅	わが家、住まい、拙宅、当家
住所・場所	ご住所、御地、貴地、そちら様	住所、当地、こちら、当所

*主に女性が使う表現

相手を慰め・励ます表現の工夫

安否・心情に配慮し送る時期にも気づかいを

お見舞いやお悔やみの手紙では、相手を慰め、励ます目的がありま す。相手の安否や心情に配慮しましょう。また、送る時期についても気づかいが必要です。相手の不運、不幸の知らせを受ければ、できるだけ早く送ることが礼儀ですが、大変な時期に気づかいをさせたり、不幸を予期していたかのような印象を与えることもあります。

時候のあいさつ近況報告は不要

相手を慰め、励ます内容の手紙に時候のあいさつ、自分の近況報告は必要ありません。悲しみに暮れていたり、病気やけがで気持ちが沈んでいるときに、人のことを気にかける余裕はありません。前向きな表現で励まし、温かいことばで慰めます。ご家族をねぎらうことばも添えるとなおよいでしょう。しかし、明るすぎる文面や、社会復帰を急かすような内容は、相手にとってプレッシャーになる場合があります。

次のような流れで組み立てるとよいでしょう。

・いつ、だれから病気やけがのことを聞いて知ったか。
・相手の状況の確認。
・送り手の気持ちを伝える。
・手伝えることはないかを聞く。
・入院の相手なら、欲しい物はないかを聞く。
・取り急ぎ、手紙（はがき）で見舞うことばを添える。

使ってはいけない忌みことば

受け取った人が、縁起が悪いと思ったり、不快に感じたりすることばを避けます。

お見舞い＝死、苦しむ、根づく、滅びる、衰える、力尽きる、枯れる、落ちる、折れる、長い、長引く、くり返す、再び、またまた　など。

お悔やみ＝重ねて、重ね重ね、再度、再三、たびたび、しばしば、返す返す、続く、追って、死亡、死去、生存、浮かばれない、迷う、喜ぶ、楽しい　など。

病気・事故の見舞いの手紙

取り急ぎお見舞い申し上げます。

　このたび事故にあわれて入院されたとのこと、心から案じております。その後の御経過はいかがでございますか。御家族の皆様の御心痛、いかばかりかと拝察いたします。

　どうかお力落としのないよう、お心を強くお持ちになってください。すぐにでもお見舞いに駆けつけたいのですが、しばらくは大切な検査が続くそうですので、症状が安定されたころにお伺いしたいと存じます。

　私も、微力ながらできる限りのお力になりたいと思っておりますので、御遠慮なくお申しつけください。

　一日も早い御回復を心からお祈り申し上げます。

お悔やみの手紙

突然の訃報にただ驚いております。

　55歳という若さを思うと悔しさがつのるばかりですが、ご遺族の皆様のお力落としを思うに、ことばもありません。とくにご父母様におかれましては、悲しみもひとしおだと推察いたします。

　本来であればすぐにでも弔問にお伺いしたいところでございますが遠方のためご葬儀に参列できず申し訳ございません。ご遺族の皆様に心よりお悔やみを申し上げますと共に、私も遥かな地より故人の御冥福をお祈りしたいと存じます。

　心ばかりのものを同封いたします。どうか御霊前にお供え下さいませ。

　まずは略儀ながら書中にてお悔やみ申し上げます。

手紙・はがき・メールの選び方

手紙の一般的な使い方

親しい間柄の相手に書くカジュアルな内容であれば、横書きでもかまいませんが、お見舞いやお悔やみなど形式的な手紙の場合は縦書きにしましょう。

- 謝罪や依頼、お断りなどあらたまった用件の場合
- 相手が自分より目上の場合
- 病気やけがのお見舞い
- 手紙の内容を第三者に見られたくない場合
- 結婚や出産などの慶事、お悔やみなどの弔事

■お悔やみの手紙

鈴木様の突然の訃報に接し、ことばを失っています。

目を閉じると、鈴木様の日焼けした笑顔ばかりが浮かび、未だに受け入れることができないでおります。ご遺族の皆様のご心痛はいかばかりかと胸がつぶれる思いがいたします。どうか、お気持ちを強くもたれますよう心よりお祈り申し上げます。

すぐにでも駆けつけてお悔やみを申し上げたいところですが、やむを得ない事情により伺うことができず誠に申し訳ございません。

まずは略儀ながら書中をもちましてご冥福をお祈り申し上げます。

■上司へのお見舞いの手紙

急啓　複雑骨折で手術をされたと伺い、驚いております。その後、足の具合はいかがでしょうか。

このところ難しい案件を立て続けに処理されていたので、お疲れがたまっていたのではないかと拝察いたします。この際ですからゆっくりご静養なさってください。

元気なお顔を見られないのは少し寂しいですが、仕事のほうは部下たちを信じてお任せください。落ち着かれた頃に改めてお見舞いに伺います。一日も早いご回復をお祈りしております。　敬具

はがきの一般的な使い方

はがきは手紙と比べて、略式だと言われます。また書くスペースが少ないために、用件を簡潔にまとめる必要がありますが、手軽に書ける点がメリットです。

手軽さでは電話やメールでもよいのですが、はがきを書くひと手間で相手に温かい気持ちがより伝わります。ただ、目上の人やあらたまった内容の場合は避けましょう。

・身内や親しい間柄でやり取りをする場合
・送り状など宛名以外の人が読んでも差し支えない内容の場合
・季節のあいさつ（年賀状／暑中お見舞いなど）
・招待状／案内状／近況報告

■地震のお見舞い

前略　テレビでそちらの被害状況を知り、とても驚いております。

ご自宅に何度も電話をしたのですが、つながらなかったので心配ではがきを書いています。ご無事でいらっしゃるでしょうか。

何か私にできることがあれば、遠慮なくおっしゃってください。必要なものがあれば、すぐに送らせていただきます。

ご自宅が被害に遭われていれば、このはがきも届かないかもしれませんが、読んでいただけたらご一報ください。

まずは取り急ぎ書中にてお見舞い申し上げます。

草々

■火災のお見舞い

急啓　隣家からの出火によりご自宅が火災に遭われたと知り、驚いてペンをとりました。

思いがけない災難でさぞやお心細い思いをされたことと、お慰めのことばもございません。

私にできることがあれば何なりとお申し付け下さい。

近いうちに改めてお見舞いに伺うつもりではおりますが、まずは書中にて、ひと言お見舞いを申し上げます。

敬具

メールの一般的な使い方

どんなに急いでいても、お悔やみではメールを使っては失礼になります。けがや病気で入院している人へのお見舞いメールは、病室でパソコンを使えないケースもありますが、最近では病院が窓口になりプリントアウトして相手に届けてくれるサービスがあるので利用すると便利です。

災害時においては、現地の通信環境が整っていなかったり、パソコンが手元になかったりもするので、まずは携帯メールで安否確認をするとよいでしょう。

・親しい相手に送る
・仕事関係の相手に送る
・通信状況が良好な場合

■取引相手へのお見舞いメール

株式会社　○○商事
営業二課　黒田　誠一　様

昨日、貴社の加藤様より
黒田様がご病気で入院されたとお聞きして、たいへん驚いております。
日頃から、ご多忙なお姿を拝見しておりましたので、
ご無理をなさったのではないかと、拝察いたしております。
このうえは、ゆっくり静養され、一日も早くご回復されますよう、
心よりお祈り申し上げます。
本来は、参上してお見舞い申し上げるべきところですが、
養生が何より大切と存じ、別便にて心ばかりのお見舞いの品を
お送りいたしました。私どもの気持ちとして遠慮なくお納めください。
メールにて失礼とは存じましたが、取り急ぎお見舞い申し上げます。

■友人へお見舞いメール

山川君へ　　宮川です。
退院後、リハビリの調子はどうですか。
この前会った時より、回復しているそうで少し安心したよ。
辛いリハビリで、お前もきついだろうが、僕も応援しているから、
くさらずに今の苦境を克服しろよ。
お前にはできると信じているよ。
これから寒くなってくるから、くれぐれも体調に気をつけて
リハビリに専念してくれよな。遠方でなかなか行けないけど、
応援しているからがんばれ！

第2章

本人への病気見舞いの文例

本人への病気見舞いの書き方

状況を知ったらすぐに出す

病気見舞いの手紙は、上手に書くことより、「知ったらすぐに出す」ことが大切。早い段階で手紙を出すことは、相手を心配し、思いやる気持ちを何よりも伝えてくれるからです。また、相手との関係にもよりますが、お見舞いの手紙を本人宛てに送るのは、原則として、病状がそれほど深刻ではない場合。重病の場合は家族宛てに出すようにしましょう。お見舞いに行きたいけれど行けないときのほか、病院や療養先などを見舞う予定がある場合も、まずは手紙を。突然の訪問は、かえって負担になる可能性もあるからです。

書き出しのあいさつは省略するか簡潔に

お見舞いの手紙は、目上の人に宛てる場合でも時候のあいさつなどは省略して構いません。「事情を知り、急いで書いた」という姿勢を伝えるため、「前略」「急啓」などの頭語を用いるか、ある程度親しい相手であれば、いきなり主文から書き始めても構いません。まずは相手の状況を知った経緯や、驚き、心配といった自分の気持ちを伝え、病状や経緯をさらりと尋ねます。そのうえで励ましのことばを述べ、お見舞いの予定などについても触れておきます。

誠意のあることばで励ましの気持ちを伝える

病気療養中は気が滅入りがちなので、前向きな表現を心がけるのが基本。ただし、過剰な明るさや同情はかえって不快感を与えることもあるので、相手の性格や自分との関係に応じて工夫することが大切です。心配する気持ちからであっても、病名や病状を詮索するのも避けたいものです。

文例
1

義父への病気見舞い

●親族へ ●手紙 ●50代女性↓70代男性

❶**お父さん、その後、体調はいかがですか。**

お母さんの話によると、順調に回復されているとのことで、ひとまず安心しております。

風邪をこじらせた気管支炎と伺いましたが、ここのところお忙しそうでしたから、たまっていた疲れが出たのかもしれませんね。しばらくは無理をせず、ゆっくり体を休めてください。

しばらくはご不自由もあるでしょうが、日ごろからジョギングで体をきたえているお父さんですから、完治するのも早いのではないでしょうか。

❷**3月末の家族旅行では、お父さん、お母さんといっしょにトレッキングをするのを一郎さんも私も楽しみにしています。**それまでにしっかりと体力を養っておいてくださいね。

週末にはお見舞いに伺います。❸**お母さんもお疲れでしょうから、家のことなどお手伝いさせてください。**

とり急ぎ、お見舞いを申し上げます。

❹かしこ

●おたよりの理由　義理の父が体調をくずし、通院しながら自宅療養中。回復を祈って手紙を送ります。

書き方のコツ

❶**前文は省いてよい**
前文は省略し、主文から書き始めてよいです。

❷**明るい話題を**
楽しみにしている今後の予定などについて触れ、相手の回復を祈る気持ちを伝えます。

❸**看病する人をねぎらう**
自宅で療養している場合はとくに、看病している家族を思いやることばも添えるとよいでしょう。

❹**結語の種類**
頭語を省略した場合でも、結語は入れる。「草々」「かしこ(女性の場合)」などが一般的です。

文例2

●親族へ ●手紙 ●50代男性→70代女性

お見舞いの品に添えた義母への病気見舞い

●おたよりの理由　義理の母が緊急入院。遠方に住んでおり、すぐにはお見舞いに行けないため、手紙を送ります。

❶**前略**　❷**今朝、お父さんから入院の件を伺い、**とても驚きました。恵子、絵里もたいへん心配しております。その後、お加減はいかがでしょうか。

幸い手術の必要はないということですが、3～4日間は入院が必要とのこと。いつも「病院はきらい」とおっしゃっていますが、今回はよい機会と思い、治療に専念してください。

❸**本来ならすぐ病院へ向かうべきなのですが、飛行機のチケットが手配できず、恵子といっしょにそちらへ伺えるのは土曜日になりそうです。**

あいにく、絵里は仕事の都合で同行できないのですが、「おばあちゃんのために特製クッキーを焼く」と張り切っております。食事制限はないと伺いましたので、本人にかわって持参いたします。味の保証はできませんが、孫の愛情だけはこもっていると思います。

❹**入院生活にはご不自由もあるでしょうから、必要なものがあれば持参いたします。**どうぞ遠慮なくおっしゃってください。

まずは書中をもちましてお見舞い申し上げます。

草々

書き方のコツ

❶**頭語の種類**
頭語は「前略」「急啓」などを用います。頭語を使う場合も、時候のあいさつは不要です。

❷**出すタイミング**
お見舞いの手紙は、出すタイミングが大切。状況を知ったら、できるだけ早く出します。

❸**すぐに行けない理由**
「すぐに行くべきだけれど行けない」ときは、理由の説明をひと言添えるとよいことも。

❹**家族としての協力**
相手を心配する気持ちや励ましに加え、身内として協力する姿勢も伝えます。

文例3

義母への病気見舞い

●親族へ ●手紙 ●40代女性→70代女性

❶**前略ごめんくださ**い。お父さんから、お母さんの手術の日程が早まり、今日の午前中に行われたことを伺いました。

術後の経過は良好とのことで安心しておりますが、立ち会えなかったこと、本当に申し訳なく思っています。すぐにでもそちらへ向かえればよいのですが、当初の手術予定日に合わせて仕事の休みをとってしまっているため、伺うのは木曜日になってしまいます。

病院での生活にはお辛いこともあるでしょうが、今はゆっくり休むのが仕事です。❷**家のほうは、美佐子さんがちょくちょく訪ねてくださっているそうですし、木曜日から1週間は私もお手伝いさせていただきます。お父さんやポチのことは心配せず、治療に専念なさってください。**

❸**土曜日には、健一さんと徹も病院に伺えると思います。**付き添いのお父さんも、そろそろお疲れが出るころでしょうから、あまり無理をなさらず、お体にお気をつけくださいますように。

まずは取り急ぎ、書中にてお見舞いまで。

かしこ

●**おたよりの理由** 義理の母の手術に立ち会えなかったため、回復を祈り、今後の予定を知らせます。

書き方のコツ

❶**頭語の種類**

書き手が女性の場合の頭語。結語は「かしこ」「草々」などを使います。

❷**安心させる情報を伝える**

本人が仕事や家族のことを気にかけている場合、現状や周りからのフォローの様子を伝えるなどして、気がかりを取り除くようにします。

❸**「楽しみ」を作る**

家族のお見舞いなど、「楽しみにできる予定」を伝えておくと、本人も前向きな気持ちになれます。

文例 4

義父への病気見舞い

●親族へ ●手紙 ●50代男性→70代男性

お父さん、お体の調子はいかがですか?

今朝、お母さんと電話でお話ししたのですが、最近は食欲も増し、日課の散歩も再開されたそうですね。❶**順調に快方に向かわれているご様子を伺い、明子も私もひと安心です。**

❷**先日、登山サークルの飯田さんにお会いする機会がありました。**登山経験が豊富なお父さんがいないと、ちょっとしたハイキングに行くのさえ大変だ、とおっしゃっていました。サークルのメンバーの方々も皆、お父さんの復帰を待ち望んでいらっしゃるとのこと。❸**早く元気にならないと、飯田さんたちに叱られてしまいそうですね。**

来月には、長男の健一が、韓国赴任を終えて帰国します。引っ越し等を終えて落ち着いたら、お見舞いに伺うと思います。私と明子も、また近いうちに、お父さんの顔を見におじゃましたいと思っております。

季節の変わり目は疲れも出やすいので、くれぐれもお大事になさってください。一日も早いご回復をお祈りしています。

草々

●**おたよりの理由** 療養中で、すでに数回、お見舞いに行っている義父へ、励ましの手紙を送ります。

書き方のコツ

❶**書き手の気持ちを伝える**

よいニュースについては、書き手のうれしい気持ちをしっかり伝えます。

❷**友人・知人の情報**

病気療養中は、孤独感に苦しめられることも。友人・知人とのつながりを感じられるエピソードは、本人を元気づけるのに役立ちます。

❸**明るいトーンで**

病状が深刻でなければ、病気見舞いだからとむやみに深刻ぶる必要はありません。普段、本人と話すときのような調子で、冗談を交えてもよいでしょう。

文例5

おばへの病気見舞い

●親族へ ●手紙 ●40代女性→60代女性

先ほど、智子おばさんがご病気で入院されたとの連絡を受け、たいへん驚いております。すでに手術も終わられたとのことですが、その後、お加減はいかがでしょうか。

智子おばさんといえば、仕事に趣味にボランティア活動に、いつもパワフルに動き回っているイメージですが、さすがにお疲れがたまっていたのでしょうか。❶**ご自分では気づかないうちに、無理を重ねていたのかもしれませんね。**

しばらくはお体のことを第一に考え、ゆっくり静養なさってください。

ご家族の皆さんも、急な看病でお疲れのことと思いますが、どうぞお体を大切になさいますように。❷**私にお手伝いできることがありましたら、遠慮なくおっしゃってください。**

智子おばさんの一日も早い全快を、心よりお祈りいたします。

❸**折りを見てお見舞いに伺いたいと思いますが、**まずは取り急ぎ、書中にてお見舞い申し上げます。

かしこ

●おたよりの理由　おばが入院。急いで病院に駆けつけるほど親しくつき合っていないため、手紙で見舞います。

書き方のコツ

❶**病状などに踏み込まない**
体や病気に関することは、とてもデリケートな話題。病状や病気の原因などには踏み込みすぎないようにします。

❷**支援を申し出る**
身内の場合、相手を思う気持ちを伝えることに加え、可能な場合は手伝いを申し出ると喜ばれます。ただし、実際に手伝えない場合は、触れないようにします。

❸**お見舞いのタイミング**
それほど親しい間柄ではないけれどお見舞いに行きたい場合は、相手からの返信や連絡を待ち、了承を得てから訪問するようにします。

文例 6

妹への病気見舞い

●親族へ ●手紙 ●50代男性→40代女性

❶母さんから、美佳が入院したとの連絡があり、突然の知らせに、びっくりしています。母さんも正弘くんもとても心配していたようだけれど、その後、調子はどうですか?

先月、風邪をひいてから、ずっと調子が悪かったと聞きました。「ただの風邪」などと言い張って、肺炎を起こすまで病院に行かないとは……。❷仕事や子育てで忙しいのはわかるけれど、少し頑張り過ぎだったのではないかな。

美佳のことだから、今ごろはもう仕事や家のことを気にしていると思うけれど、心配している家族のためにも、充電期間だと思ってしばらくは病院でおとなしくしていてください。

お見舞いに行きたいところですが、しばらくは仕事の都合がつきそうにありません。❸来月の連休にはそちらに帰省するので、そのときに元気な顔が見られることを楽しみにしています。

❹わずかですが、お見舞いを同封するのでお納めください。一日も早い全快を祈っています。

草々

●おたよりの理由　遠方に住む妹が入院。お見舞いに行けないお詫びと励ましのことばを伝えます。

書き方のコツ

❶驚きをストレートに
病気の知らせを聞いた驚きは、相手を思う気持ちを伝えることにもつながります。

❷身内なら多少の苦言も
普段から仲のよい身内の場合、相手のためを思うものなら、多少の苦言も許されるでしょう。

❸回復を祈る
相手の回復を祈る気持ちを、自分なりの表現で伝えます。

❹お見舞いを同封
現金を送る場合は、現金書留に手紙を同封。商品券やギフトカードは、封書で送ることもできますが、紛失に備えて簡易書留にすると安心です。

文例7

●親族へ ●手紙 ●40代女性→40代女性

義理の姉への病気見舞い

①前文お許しくださいませ。このたびのご入院、突然のことで驚きました。**②お母さんから知らせを聞き、浩二さんともどもとても心配しています。**幸い症状が軽く、手術後も順調に回復されているとのことですが、その後いかがでしょうか。

いつもお元気なお姉さんのことですから、ほどなく全快されることと信じております。ご家庭のこと、お仕事のことなど気がかりもおありでしょうが、ご無理はなさいませんように。この際、骨休めだと思って、十分に静養なさってください。

③本来であれば、すぐにでもお手伝いにうかがうべきですが、遠方のためそれもかなわず、申し訳なく思っております。④ささやかですが、お見舞いの品を別便でお送りいたしましたので、どうぞお納めください。

退院後、落ち着かれた頃にでも、あらためてお見舞いに伺います。一日も早い回復をお祈りしております。

かしこ

●おたよりの理由　義理の姉が入院。訪問すると負担になりそうなので、お見舞いの品に添えて手紙を送ります。

書き方のコツ

①頭語の種類
書き手が女性の場合の頭語。結語は「かしこ」「草々」などを使います。

②心配な気持ちを伝える
相手が身内の場合、書き手以外の家族も心配していることなどを書き添えるとよいでしょう。

③お見舞いに行けない場合
お見舞いに行けない・行かない場合は、お詫びのことばを添えておきます。

④お見舞いの品を送る場合
手紙とは別にお見舞いを送る場合は、品物を送ったことを伝えておきます。

文例 8

いとこへの病気見舞い

●親族へ ●手紙 ●40代女性→40代男性

前略　母からの電話で幸一くんが入院していたことを知り、とてもびっくりしています。

❶**いつもご無沙汰ばかりで、知らなかったこととはいえ、お見舞いが遅れてしまい、本当にごめんなさい。**

❷**手術後の経過は順調で、来週には退院の予定とのこと。ひとまず安心しました。**学生時代、サッカーや野球で体を鍛えていた幸一くんのことだから、回復も早いことでしょう。

沙織さんも看病疲れが出る頃ですし、退院後もしばらくは、ご不自由なこともあるでしょう。私で役に立てることがあればお手伝いしますので、遠慮なく言ってくださいね。

❸**来月には、プロ野球も開幕を迎えます。早く元気になって、またみんなで野球観戦に行きましょう。**

ほんの心ばかりですが、お見舞いを同封いたしますのでお納めください。

一日も早い全快をお祈りしています。

かしこ

●**おたよりの理由**　いとこが入院していたことを知らずにいたため、お詫びを兼ねて手紙を送ります。

書き方のコツ

❶**手紙を出すのが遅れたら**
お見舞いの手紙を出すタイミングが遅くなってしまった場合、簡単な理由を添えてお詫びのことばを。

❷**心配な気持ちを伝える**
すでに治療を終え、回復期に入っているなどの場合は、「病気が治って安心した」という気持ちを伝えます。

❸**楽しいことに誘う**
楽しい誘いは、本人の気持ちを引き立てるのに役立ちますが、「本人にできそうなこと」でなければ逆効果。病状や時期を考えたうえで誘うようにしましょう。

●親族へ ●はがき ●40代男性→40代男性

文例9 兄への病気見舞い

●おたよりの理由 兄が軽い病気で入院。元気づけるために、回復を祈るはがきを送ります。

今朝、母さんから、兄さんが緊急入院したと電話がありました。急なことで驚いたけれど、幸い、命にかかわる病気ではないようなので、今はひとまず安心しています。

すぐにお見舞いに、と思ったのだけれど、あさっての手術まではいろいろな検査が続くとのこと。慌ただしいときにおじゃましても、かえって裕子さんにご迷惑をかけてしまいそうなので、お見舞いは手術のあと、少し落ち着いてからにしておきます。

入院生活は窮屈なこともあるだろうけれど、病気を治すことを第一に考えて、しばらくは養生してください。

一日も早い全快を祈っています。

●親族へ ●メール ●40代女性→20代女性

文例10 姪への病気見舞い

●おたよりの理由 普段から親しくしている姪が入院。おしゃべりする感覚で、お見舞いのメールを送ります。

田中恵美子様
恵美ちゃんが盲腸で入院したこと、姉さんから聞きました。

突然のことで、本当にびっくりしました。

でも、手術も無事に終わったようで、よかったです。学校やバイトを休むのは嫌かもしれないけど、治るまではがまん、がまん。

入院は1週間と聞いたので、あさってあたり、お見舞いに行くからね。

その頃には元気も回復して退屈しているだろうから、恵美ちゃんが好きなマンガをもっていきます。暇つぶしに最適でしょう？

そのほかにも、必要なものがあったらもっていくので、遠慮なく教えてね。

全快したら、いっしょに焼き肉とケーキバイキングに行きましょう！

鈴木洋子

文例 11

近くに住む友人への病気見舞い

●友人へ ●手紙 ●40代女性→40代女性

由香さん、手術も終わり、少し落ち着かれた頃かと思いますが、お加減はいかがですか。

❶**先日、ご主人様から連絡をいただき、手術後の経過がとても順調なこと、由香さんにも笑顔が戻ったことなどを伺い、ほっとしています。**担当の先生も、由香さんの体力と予想以上の回復の早さに驚いていらっしゃるそうですね。

たぶん、これまで10年近く、毎日朝と夕方1時間ずつジョギングを兼ねて愛犬のジョンのお散歩を続けてきたのがよかったんですね。❷**由香さんの体力をアップさせてくれたジョンにも感謝しなければ……。**

この機会にしっかり静養し、一日も早く完治されることをお祈りしております。ジョンもきっと、由香さんとの楽しいお散歩を再開できる日を、首を長くしてまっていることでしょう。

土曜日にはお見舞いに伺います。❸**ご主人様も看病でお疲れのことでしょうから、私でお役に立てることがあれば、何でもお手伝いさせてくださいね。**

まずは、とり急ぎお見舞いまで。

かしこ

●**おたよりの理由**　日ごろから親しくつき合っている友人に経過を尋ね、お見舞いに行くことを伝えます。

書き方のコツ

❶**お見舞いのタイミング**
入院や手術直後は落ち着かず、体調もすぐれないことが多いので、突然尋ねるのはマナー違反。家族やつき添いの人と連絡をとり合い、了承を得てから訪問します。

❷**深刻になり過ぎない**
病気見舞いだからと深刻になり過ぎず、相手との日ごろの関係に応じて、明るいトーンでまとめます。

❸**家族への気配り**
看病している家族へのいたわりを示すことも大切。

文例12

地元のサークル仲間への病気見舞い

●友人へ ●手紙 ●50代男性→50代男性

急啓　このたび中央病院に緊急入院されたことを伺い、とても驚いています。**❶入院期間は２週間ほどになるとのこと。**仕事のことなど、何かと気がかりもおありでしょうが、今は治療を最優先し、骨休めをするつもりでゆっくり静養してください。

❷わが「埼玉レッドソックス」にとっても、優秀なクローザーの不在は大きな痛手です。井上さんがお休みされているあいだは、先発ピッチャーの原田君が完投するしかありません。早く健康を取り戻し、原田君の肩がこわれる前にチームに戻ってきてください。

急なことで、奥様もさぞご心配のことと思います。看病疲れから体調をくずさないよう、お体をおいといくださいますように。

❸かえってご迷惑になるかと思い、病院へのお見舞いは控えさせていただきますが、何かお手伝いできることがあれば、いつでもお申しつけください。

「埼玉レッドソックス」一同、一日も早い回復をお祈りしております。

とり急ぎ、書中にてお見舞い申し上げます。

草々

●おたよりの理由　入院した友人の回復を祈り、病院へのお見舞いを控えることを伝えます。

書き方のコツ

❶病状などには触れない
本人から聞いている場合を除き、病名や病状には触れないようにします。

❷明るい話題で励ます
回復を待っている人や、自分を必要としている人がいる、と感じることは、本人にとって大きな励みになります。

❸お見舞いを遠慮する場合
お見舞いが本人や家族の負担になりそうな場合は、訪問を控えたほうがよいこともあります。

文例
13

遠方に住む友人への病気見舞い

●友人へ ●手紙 ●50代女性→50代女性

前略ごめんください。ご主人様から、聡子さんが入院なさったとのご連絡をいただき、とても心配しています。

先月、旅先の北海道からお元気そうなお便りをもらったばかりだったこともあり、信じられずにただただ驚いています。

ご主人様によると、手術の必要はなく、10日ほどで退院できる予定とのこと。❶**慣れない入院生活は不自由なことも多いでしょうが、この際、ゆっくりと体をいたわってください。**聡子さんは、すぐに「大丈夫、大丈夫」と言って無理をしがちだけれど、今回は、無理は禁物！❷**お医者様や看護師さんの言うことをよく聞いて、おとなしくしていなければだめよ。**
❸**本来ならすぐにお見舞いにかけつけたいところですが、遠方のためそれもかなわず、本当に申し訳ありません。**ささやかですが、お見舞いを同封いたしますので、お納めください。
少し先になりますが、ゴールデンウィークには、そちらに帰省します。そのとき、元気な聡子さんに会えるのを楽しみにしています。

かしこ

●**おたよりの理由** 遠方のため、お見舞いに行けないことをお詫びし、回復を祈る手紙を送ります。

書き方のコツ

❶**回復を祈る**
驚き、心配していることに加え、回復を祈る思いも伝えるようにします。

❷**親しみを込めた表現も**
お見舞いの手紙の場合、くだけすぎるのもよくありませんが、堅苦しすぎても気持ちが伝わりません。相手との関係に応じて、親しみを込めた表現も交えましょう。

❸**訪問できないときは**
お見舞いに行けないときは、簡単に理由を述べ、「行きたいけれど行けない」という気持ちを伝えるようにします。

文例 14

会社の同期生への病気見舞い

●友人へ ●手紙 ●50代男性↓50代男性

前略　突然の入院の知らせに、びっくりしました。
夏のイベントの準備で出張続きだったり、残業も多かったりしたようだから、自分でも気づかないうちに疲れがたまっていたのかもしれませんね。一日も早い回復をお祈りします。
❶僕も先月、立ち上がった拍子にぎっくり腰になり、それ以来、コルセットが手放せなくなっています。お互い、もう若くないことを自覚して、無理をし過ぎないようにしましょう。
来週には退院し、翌週には職場に復帰するとのことですが、それまではしっかり静養してください。❷仕事のことは忘れて……と言いたいけれど、佐々木君の部下たちは、「部長が戻ってきたらしてもらう仕事」をホワイトボードに書き出していたよ。休養明けからこき使われてもダウンしないよう、十分に体力を養っておいてください。

奥様もお疲れでしょうから、お体に十分お気をつけくださいますように。
❸時期を見てお見舞いに伺いますが、まずは書中にてお見舞いまで。　草々

●おたよりの理由　同期入社の同僚が入院。相手を励まし、回復を祈る気持ちを手紙で伝えます。

書き方のコツ

❶自分の経験に触れる
自分自身の経験などに触れる場合は、相手に不快感を与えない話題を選びます。

❷仕事の話題
仕事の面でプレッシャーを与えないことは大切ですが、「職場にその人がいなくても問題ない」と思わせるのもよくありません。相手の気持ちを推し測って表現を工夫しましょう。

❸すぐにお見舞いに行かない場合
病状などが落ち着いてからお見舞いに行こうと思っている場合は、そのことにも触れておきます。

文例
15

すでに退院している友人への病気見舞い

●友人へ ●手紙 ●40代女性→50代女性

前略 ❶昨日、原田さんから、恵理子さんが入院されていたことを伺いました。❷知らずにおりましたため、お見舞いが遅れてしまい、申し訳ありません。

すでに退院され、来週からはお仕事にも復帰されるご予定とのこと。順調に回復なさっているようで、ひとまず安心しています。職場のみなさんも恵理子さんの復帰を首を長くして待っていらっしゃるでしょうが、最初から頑張りすぎないでくださいね。責任のある立場ですから、のんびりと……とはいかないのでしょうけれど、しばらくは、ゆとりのあるスケジュールで、体調に気を配りながらお仕事に取り組んでください。

急な入院で、恵理子さんもご家族もたいへんだったことと思います。知らなかったとはいえ、何もお手伝いできず、申し訳ありませんでした。

❸お仕事を再開された直後はお忙しく、お疲れもたまるでしょうから、少し落ち着いたころにでもお誘いします。恵理子さんが行ってみたいとおっしゃっていたお寿司屋さんに行きましょう。恵理子さんの元気なお顔を拝見できることを楽しみにしています。

かしこ

●おたよりの理由　すでに退院してから病気のことを知ったため、お詫びを兼ねて手紙を送ります。

書き方のコツ

❶事情を知った経緯

「知っていたのにお見舞いに来てくれなかった」という誤解を防ぐため、いつ、だれから聞いたのか、簡単に書いておくとよいでしょう。

❷お見舞いに行けなかったお詫び

「知らなかったのだから仕方がない」という印象を与えないよう、お見舞いが遅れたことに対して、お詫びのことばを添えておきます。

❸すでに回復している場合

回復し、日常生活に戻っている場合は、お見舞いとして訪問するより、食事に誘うなどしたほうが自然です。

文例 16

●友人へ ●手紙 ●50代男性→50代男性

一度お見舞いに行った友人への病気見舞い

●おたよりの理由 すでに一度お見舞いに行っている友人に、その後の経過を尋ねる手紙を送ります。

大野さん、その後いかがですか。

❶**先日伺ったときは、「おかゆしか食べられない」などとブツブツ言っていたけれど、先週お見舞いに行った西田君によると、もう普通の食事になったそうですね。** 料理好きで味に厳しい大野さんにとって病院の食事はもの足りないでしょうが、あと10日ほどのがまんです。食事も治療の一部だと思って、もう少し辛抱してください。

もう一度お見舞いに、と思っていたのですが、仕事が繁忙期に入ったため、残念ながら伺えそうにありません。❷**その代わりというわけではありませんが、別便でCDを数枚お送りします。** ❸**以前、大野さんが聞いてみたいと言っていた古典落語のCDです。** 入院生活にも飽きてきたころかと思いますので、退屈しのぎに聞いてみてください。

ご家族の皆様も、お疲れでしょう。季節の変わり目でもあり、体調をくずされないようご自愛ください。

一日も早い退院をお祈りしています。

草々

書き方のコツ

❶明るい話題を選ぶ
一度お見舞いに行っている場合は、心配する気持ちなどを強調するより、回復を示す明るい話題をとり上げるなどして、本人を励まします。

❷品物を別便で送る場合
品物より先に手紙が届くようにし、別便でものを送ったことを知らせておきます。

❸お見舞いの品は相手に合うものを
お見舞いの品は、食べものや実用品などが一般的ですが、相手の好みに合う本やCDなども喜ばれます。

文例
17

●友人へ ●手紙 ●40代女性→40代女性

詳しい病状がわからない友人への病気見舞い

●おたよりの理由　病気療養中だけれど、病名や病状がわからない友人に、お見舞いの手紙を送ります。

前文お許しください。

昨日、久しぶりの同期会に出席したところ、名古屋支社の鈴木さんから、真奈美さんがご病気で休職中であることを聞きました。

半月ほど前からお休みされているとのことですが、❶**お加減はいかがでしょうか？　一日も早い回復をお祈りしています。**

鈴木さんも、「真奈美さんの大きな声が聞こえないと、社内が静か過ぎる！」などとさびしがっていました。ちなみに、真奈美さんのチームのみなさんは、なんと若手だけで頑張っているそうです。❷**お休みに入る前に真奈美さんが作っておいた引き継ぎ用の資料があるおかげで、ほぼスケジュールどおりに進んでいるとか。**チーム内では、見れば何でもわかる真奈美さんの資料は「バイブル」と呼ばれているんですって。

同期の皆も、同期会に皆勤賞だった真奈美さんがいないことを、とてもさびしがっていました。しばらくはゆっくり体を休めて、来年の同期会には、元気な顔を見せてくださいね。❸**近いうちに、またお便りします。**

かしこ

書き方のコツ

❶病状などを尋ねない
身近な人も知らない場合、本人があえて伏せていることもあるので、病名や病状は尋ねないようにします。

❷日ごろの努力を認める
仕事などの努力が周りからも認められている事実は、本人にとって励みになります。

❸お見舞いのことには触れない
本人が病気のことを周りに話したがらないような場合、お見舞いがかえって迷惑になることも。「お見舞いに伺いたい」などと書くのは控えましょう。

●友人へ　●メール　●50代女性→50代女性

文例18　長期入院している友人への病気見舞い

●おたよりの理由　長期入院している友人へ、励ましのメールを送ります。

山田紀子様
その後、お加減はいかがですか？
いつも忙しくしている紀子ちゃんのことだから、
病院生活が退屈になってきているんじゃない？
この前、お見舞いに行ったとき、私たちが中学生のころに
はやったマンガの話が出たでしょう？
実は昨日、古本屋さんであのマンガを見つけたの。
表紙の絵を見ただけで、もう懐かしくて……。
思わず、全15巻のセットを大人買いしちゃいました。
今度行くときにもっていこうかと思ったけれど、
さすがに重いので、明日着の宅配便で送りました。
きっとよい暇つぶしになるので、じっくり楽しんでね！
週末には、また顔を出します。
くれぐれもお大事に！
飯田佐和子

●友人へ　●メール　●40代女性→30代女性

文例19　入院の報告への返信

●おたよりの理由　入院をメールで知らせてきた友人に、メールでお見舞いを返信します。

島崎孝子様
孝子さん、メールをありがとうございます。
来週から入院するとのこと、急な知らせに驚いています。
何かと大変でしょうが、まずはしっかり治療して
十分な休養をとり、元気な体をとり戻してください。
入院は1週間、会社は1カ月ほどお休みされるそうですが、
退院後も無理はしないでくださいね。
ちょっとした買いものや美紀ちゃんの保育園への
お迎えなら、いつでもお手伝いできますから。
こんなときはお互い様なので、
遠慮せず、何でも言ってください。
退院後、体調が落ち着いたら、またいっしょに
お菓子作りをしましょう。
一日も早い回復をお祈りしています。
河合恵美

文例
20

●仕事関係者へ ●手紙 ●40代男性→30代男性

得意先の担当者への病気見舞い

❶前略　ご同僚の井上さまから、ご病気のことは伺いました。❷あまりに突然のことでたいそう驚いております。知らぬこととはいえ、お見舞いにも伺わず、失礼いたしました。

井上さまのお話では、手術は成功し、ご経過も順調ということで、ひとまず安堵しております。いつも明るい顔で「元気だけが取り柄」とおっしゃっていた小林さまが病床に伏されるとは、日ごろの激務ゆえのことでしょう。❸一日も早いご回復を、心よりお祈りしています。

職場に復帰されても、しばらくはおとなしくされていたほうがよいようです。「仕事もがんばる、遊びもがんばる」がモットーの小林様には、忍耐の日々かもしれませんが、会社とご自宅の往復生活を続けられることをご助言申し上げます。

体調も回復され、季節もよいころになりましたら、❹また近くの山に芝刈りにお供いたしますので、しばらくご自愛くださいませ。

まずは書中をもちましてお見舞い申し上げます。

草々

●おたよりの理由　お世話になっている得意先の担当者が入院。回復を祈って自宅にお見舞いの手紙を送ります。

書き方のコツ

❶頭語の種類
長期入院の場合を除き、時候のあいさつは省きます。頭語・結語は「前略－草々」「急啓－草々」などが適切です。

❷早く投函することが大事
病気のことを知ったら、なるべく早く手紙を出しましょう。心配している気持ちをとりあえず伝えること。

❸回復を祈る
仕事上の知り合いながら、心から心配し、早い回復を祈っていることを伝えています。

❹親しみをこめて
仕事関係者でも、ある程度プライベートでもつき合いのある場合は、親しみをこめたものでかまいません。

文例21

お見舞いの品に添えた手紙

●仕事関係者へ ●手紙 ●40代男性→40代男性

急啓　営業2課の久米様から入院の件を伺いました。

谷野様が常日ごろから野球などスポーツを嗜まれ、ご壮健でいらっしゃることは存じておりましたので、驚いています。伺ったところでは、以前から腎臓に持病がおありだったとか。❶**心配させるからとだれにも知らせずにいらっしゃった**、とお伺いいたしました。

❷**いつも先頭に立って仕事をこなしていらっしゃる**、谷野様ならではのお心づかいに敬服いたしました。しばらく辛抱されることが多いとは存じますが、これをよい機会とお考えになり、❸**どうかあせらず、ゆっくり治療に専念なさいますよう**、お願い申し上げます。

すぐにもお見舞いに伺いたいところではございますが、とりあえず心ばかりの品をお送りしました。どうかご笑納ください。

復帰されましたら、念願の第三大橋の竣工まで、われわれを指導してくださることをお願い申し上げます。

弊社一同、谷野様の一日も早いご回復をお祈りしております。

草々

●おたよりの理由　同じプロジェクトに参加する建設会社リーダー格の社員が入院。見舞いの品に手紙を添えます。

書き方のコツ

❶**気づかいに触れる**
周囲への気づかいで、誰にも知らせずにいたことに触れ、優しさを感じたことを伝えようとしています。

❷**日ごろの努力を称える**
がんばる姿を見ていた者として、仕事に対する姿勢を称えています。

❸**健康への思いやり**
病気をきっかけとして体を大事にして欲しい気持ちを表しています。

文例22

現場復帰の知らせを聞いて

●仕事関係者へ ●はがき ●30代女性⇒30代女性

拝啓　先日、納品の日に❶**貴社をお訪ねしたとき山本課長から、木村さんが先月から自宅療養されていらっしゃると聞きました**。救急車で搬送された日を伺ったら、驚いて冷や汗が出ました。なんと、木村さんの知り合いのお店にお供させていただいた次の日ではありませんか。お料理もお酒もおいしくて、楽しいひと時を過ごさせていただきました。この次は私からお誘いさせていただこうと思っていた矢先のことだったので、あのとき、ちょっと羽目を外してしまったかなと反省していました。

山本課長がおっしゃるには、お酒のせいではないということで近日中にお仕事に復帰できるとのことでひと安心です。でも、❷**快くなったからといって復帰されたその日からハードなお仕事は控えてくださいね**。アスリートは故障から復帰するとき、はじめはピーク時の５分の１の運動量からスタートするそうです。木村さんも無理をせず、少しだけ自分を可愛がってください。

元気になったら❸**今度は私からお誘いさせてください**。その日を楽しみにしています。　　かしこ

●**おたよりの理由**　仕事で親しくなった同性に、職場復帰すると聞いてお祝いを兼ねた見舞いのはがきを送ります。

書き方のコツ

❶**事情を知った理由**
社外の人間なので、療養中であることを知った理由を説明します。

❷**復帰後の心配**
がんばり屋である相手が、復帰後すぐに仕事にまい進するのではないかと心配のことばをかけます。

❸**元気になったら**
健康をとり戻したら、また食事に行こうと誘うことで、早い復帰と健康の回復を祈ります。

●仕事関係者へ　●はがき　●30代女性↓50代男性

文例23 元の上司へのお見舞いの手紙

●おたよりの理由　元の上司が赴任先で急病。単身赴任の自宅にお見舞いのはがきを送ります。

前略　宮田支店長から、こちらの武村部長に連絡があり、無事退院されたとのこと、おめでとうございます。桑原副支店長が会社で倒れられたと聞いて、本当に驚きました。こちらで指導をいただいたときは、毎日元気なご様子で、持病がおありとは知りませんでした。慣れない土地で心労も大きかったのかもしれません。

元の部下一同、順調な回復を心よりお祈りしています。単身赴任とお聞きしているので、食事などの不摂生もあったのでしょうか？　いまは奥さまが付き添われているとのこと。体に良い料理をごちそうになり、一日でも早い現場での復帰を、元の部署のみんなでお祈りしています。

かしこ

●仕事関係者へ　●メール　●20代女性↓30代女性

文例24 会社の様子を知らせる先輩へのメール

●おたよりの理由　急病で長期休暇をとっている同じ課の先輩に職場の様子を伝えます。

小泉　萌子　先輩
退院されたとお聞きしたので、メールを差し上げます。
風邪で欠勤と聞いていたので、さほど心配しなかったのに、
こじらせて２週間も入院されていたとか。
マネジャーをはじめ、グループのメンバーも
みんな心配しています。
小泉先輩が準備を進めていたイベントも、無事終わりました。
先輩が予想した通り、３万人ものお客様が集まりました。
先輩のおかげだ、とマネジャーも大喜びでした。
会社はこんな感じで、忙しくなる時期は
もう少し後になりそうなので
どうか、体調が戻るまでゆっくりお休みになり、
戻ってきたら、また、私たちを指導してください。
それでは、くれぐれもお大事に。
くればやし多佳子

文例
25

大学時代の恩師への病気見舞い

●恩師・先輩へ　●手紙　●40代女性→70代男性

❶**このたび、山川先生が入院されたことを知り、急いでペンをとりました。**先日のゼミ会で元気なお顔を拝見したばかりでしたので、とても信じられない気持ちです。

現在は順調に回復されているとのことですが、❷**手術をされたと伺い、たいへん心配しております。**

ここ数カ月、調査や学会で海外へのご出張が続いているとおっしゃっていましたが、気づかないうちにお疲れがたまっていたのではないでしょうか。お仕事のことなど何かと気がかりでしょうが、まずは、お体を休めることに専念なさってください。

❸**このたびのことでは、奥様のご心労も大きかったことと存じます。お疲れが出ませんよう、くれぐれもご自愛ください。**

一日も早い退院とご回復をお祈り申し上げます。

機会を見てお見舞いに伺いたいと存じますが、とり急ぎ、書中にてお見舞い申し上げます。

かしこ

●**おたよりの理由**　入院中であることを人づてに聞いた恩師に、お見舞いの手紙を送ります。

書き方のコツ

❶**前文は省略する**

手紙の相手が目上の人であっても、前文は省略するのがマナー。入院したことを知り、すぐに手紙を書いていることが伝わるようにします。

❷**心配していることを伝える**

相手を心配したり、思いやったりする気持ちは、ストレートに表現してかまいません。

❸**家族への気づかいを示す**

看病などで大変な家族にも、ねぎらいのことばを添えます。実際に手伝えない場合は、「お手伝いさせてほしい」のようには書かないようにしましょう。

文例
26

●恩師・先輩へ ●手紙 ●50代男性→50代男性

会社の先輩への病気見舞い

●おたよりの理由　お世話になっている先輩に仕事の状況などを伝え、回復を祈る気持ちを伝えます。

急啓

❶本日、営業部の島田君から佐藤さんの入院のことを伺い、たいへん驚いています。知らずにおりましたため、お見舞いが遅れ、申し訳ありません。

その後、お加減はいかがでしょうか。

島田君によると、新製品のキャンペーンの準備で残業が続き、お疲れの様子だったとのこと。私が新人の頃、佐藤さんが朝はいちばん早く出社し、最後まで会社に残っていたことを思い出しました。きっと、今もかわらぬパワーで仕事に情熱を注いでいらっしゃったのでしょう。

復帰を急ぐ気持ちもおありでしょうが、人間、健康が第一です。まずは治療に専念し、しっかりと休養してください。❷営業2課のメンバーは、リーダーである佐藤さんの不在に苦戦しつつも、なんとか頑張っているようです。

佐藤さんの顔を見て安心したいところですが、この時期におしかけてもかえってご迷惑になるかと思い、病院へのお見舞いは控えさせていただきます。❸お元気になられたら、また一杯おつき合いください。

一日も早いご全快をお祈りしております。

草々

書き方のコツ

❶入院を知った経緯
本人や家族以外のルートから聞いた場合は、いつ、だれから聞いたのか、簡単に書いておくとよいでしょう。

❷仕事の状況
復帰を焦らせるのはよくありませんが、「いなくてもまったく問題ない」と思わせるような書き方をしないように注意します。

❸回復後の誘い
回復後の楽しいことに目を向けさせるのはよいことですが、相手に「できること」を選ばないと逆効果です。

文例27

習いごとの先生への病気見舞い

●恩師・先輩へ ●手紙 ●50代女性→60代女性

昨日の練習の際、優子先生が入院されていることを知りました。2週間ほど入院される予定とのことですが、お加減はいかがですか？

❶**恒例の練習も、優子先生のお元気な声が聞こえないと、今ひとつ盛り上がりません。**皆、発声練習の段階から声が小さく、パート練習のあとに全員で合わせてみても、なんとなく迫力不足なのです。先生にかわって指揮をしてくれた川田さんは、「優子先生のすごさがわかった」と落ち込んでしまって……。練習のあと、お茶とケーキをごちそうして慰めなければならなかったんですよ。

先生の復帰を待っている私たちのためにも、一日も早くお元気になってください。そのためにも、今はじっくりお体を休めてくださいね。

近々、お見舞いに伺いますが、私たちにできることがあれば遠慮なくお申しつけください。❷**メンバーは皆、近所に住んでいるのですから、お役に立てることがあれば、喜んでお手伝いいたします。**

❸**「コーラスグループ名古屋」一同、優子先生のご回復を心よりお祈りしております。**まずは書中にて、お見舞い申し上げます。

かしこ

●**おたよりの理由**　急に入院した習いごとの先生に、回復を祈る手紙を送ります。

書き方のコツ

❶**寂しさを伝える**
相手が不在であるための寂しさを伝える場合は、暗い雰囲気にならないよう、明るい話題にからめるとよいでしょう。

❷**手伝いを申し出る**
社交辞令として「お手伝いをする」と書かれていることも。本当に手伝える場合は、「なぜ手伝えるか」「何ができるか」などのひと言を添えておくと気持ちが伝わります。

❸**仲間の気持ちも伝える**
グループの一員として相手とかかわっている場合、個人的に書いた手紙であっても、ほかのメンバーの思いなどにも触れておきましょう。

●恩師・先輩へ ●手紙 ●40代男性➡70代男性

文例28 お見舞いを贈ったことを知らせる手紙

●おたよりの理由　お見舞いに行けない恩師に、お見舞いの品を贈ることを伝えます。

前略　このたびのご入院、突然のことで本当に驚きました。気管支炎とのことですが、現在は順調に回復中と伺い、ひとまず安心しております。

いつもお元気な先生ですから、ほどなく全快されることと信じております。まずは休養が第一ですので、ゆっくりとお体を休めてください。秋の同窓会で、お元気なお顔を拝見するのを楽しみにしております。

お見舞いに伺いたいのですが、遠方のためそれもかなわず、申し訳ありません。

ささやかですが、別便にてお見舞いの品を贈らせていただきましたのでお納めください。

一日も早いご回復をお祈り申し上げます。

草々

●恩師・先輩へ ●メール ●30代女性➡40代女性

文例29 仕事復帰を控えた先輩へのメール

●おたよりの理由　プライベートでもつき合いのある先輩に、お見舞いのメールを送ります。

美和先輩
その後、お加減いかがですか？
もっとたびたび伺いたいのですが、なかなか都合がつかず、
ごめんなさい。
仕事復帰は来週とお聞きしています。
先日お会いしたとき、すでに「退屈だから早く仕事をしたい」
と言っていたぐらいですから、
仕事再開の準備は、もう完璧でしょう。
でも、くれぐれも無理はしないでください。
最初からフル回転しようとせず、少しずつお願いします。
通常の生活に体が慣れてきたら、女子会いかがですか？
ちなみに、次の幹事の絵里さんは、もう行きたいお店を決
めているみたいです。
全快してさらにパワーアップした美和先輩に会えるのを
楽しみにしています。　石井祥子

文例
30

手術を控えた友人への手紙

●がんの人へ ●手紙 ●50代女性→50代女性

奈美さん、ご病気のことを伺い、びっくりしました。❶**自分がいちばんつらい時期なのに、わざわざ知らせてくれてありがとう。**

来週には入院されるんですね。準備でバタバタしていると言っていたけれど、休養もしっかりとって、体力を養っておいてね。

入院前や入院中、私に何かできることがあれば言ってください。

ご家族も付き添いやお仕事で忙しくなるでしょうから、たいへんなことも出てくるでしょう。❷**私は近くに住んでいるのだから、ちょっとしたお買いものやワンちゃんたちのお散歩など、お手伝いできることもあると思います。**奈美さんの役に立てたらうれしいので、遠慮なく声をかけてくださいね。

入院期間は1週間とのこと。術前・術後は何かと忙しいそうなので、病院へのお見舞いは控えておきます。でも、もし、だれかと会っておしゃべりしたくなったら連絡してね。すぐに飛んでいきます。

退院して落ち着いたころ、お顔を見にうかがいますね。❸**そのとき、元気な奈美さんに会えるのを楽しみにしています。**

かしこ

●**おたよりの理由** がんを告知され、手術のために入院する友人へ、励ましの手紙を送ります。

書き方のコツ

❶**本人のつらさに寄り添う**
相手との関係にもよりますが、相手のつらい気持ちを考え、表現を工夫します。

❷**できることを具体的に**
手伝いを申し出る場合は、自分にできそうなことを具体的に書いておきましょう。

❸**病気の性質を意識する**
がんは手術をすれば治る、といった病気ではありません。「全快をお祈りします」といった表現は、相手を傷つけることがあるので注意が必要です。

文例31

●がんの人へ ●手紙 ●40代男性→50代男性

手術を終えて退院した先輩への手紙

前略　昨日、伊藤部長より、佐川さんが退院されたことを伺いました。手術も成功し、経過も順調とのこと、ひとまずホッとしております。

❶仕事のほうは、部長のサポートとチームのメンバーの頑張りのおかげで、なんとか回っております。私も、佐川さんのかわりを務めようと精一杯努力しているのですが、つい目先のことに気をとられ、指示を出すタイミングが遅れがちになってしまいます。仕事を円滑に進める難しさに気づかされ、いつもニコニコしながらチームをまとめてこられた佐川さんには、あらためて頭が下がる思いです。

私なりに頑張ってはいますが力不足は隠せず、チームの若手メンバーからもよく叱られています。**❷佐川さんが復帰され、以前のように効率よく仕事が流れるようになる日が待ち遠しくてなりません。**

こんな頼りない状況ですが、**❸まずはゆっくりと体を休め、一日も早くお元気をとり戻してください。**業務チーム一同、佐川さんの復帰を楽しみにしております。

草々

●おたよりの理由　手術を終えて退院し、これから自宅療養に入る職場の先輩にお見舞いの手紙を送ります。

書き方のコツ

❶仕事の報告は励ましにも

働きざかりの年齢の場合、長期間仕事を休むことで疎外感を感じることも。同僚や部下の立場なら、仕事の報告を交えてみましょう。ただし、ストレスを与えないよう、明るいトーンで書くようにします。

❷復帰を待つ思いを伝える

仕事上、自分が必要とされていると感じることは、相手にとって大きな励みになります。

❸回復を願う

相手の体調を思いやり、回復を願うことばはストレートに伝えます。

文例32

通院治療中の友人への手紙

●がんの人へ ●手紙 ●40代女性→50代女性

真理子さん、ご無沙汰しております。

この前のお手紙では、2期めの治療が始まったということだったけれど、**❶体調はいかがですか？**
❷一昨日、我が家のベランダで、ピンクのバラが咲きました。去年の秋、真理子さんに分けていただいたバラです。一度咲いたあと、手入れ法の勉強もせずに枝を刈りこんでしまい、真理子さんに「切り過ぎよ！」と大笑いされましたよね。どうなることかとドキドキしていたのですが、せっせとお世話をした甲斐があり、無事につぼみをつけ、きれいに咲いてくれました。記念に写真を撮ったので、同封します。切り過ぎたせいで株の形はアンバランスだけれど、笑わないでくださいね。お花自体は大輪で、ゴージャスでしょう？　このほかに、つぼみが5個もついているんですよ。
❸真理子さん、治療がひと段落したら、A美術館のバラ園に行きませんか？バラがきれいなのはもちろん、館内のカフェのランチもおいしいんですよ。今から楽しみにしています。また、お便りいたしますね。
かしこ

●おたよりの理由　手術後、放射線や抗がん剤などの治療を続けている友人へ、お見舞いの手紙を送ります。

書き方のコツ

❶そのときの体調を尋ねる
がんは完治までに時間がかかる病気なので、「お加減はいかがですか」など、病気の回復の具合を聞くような言い方は避け、「現時点での体調」を尋ねるようにしましょう。

❷明るい話題に触れる
相手が暗い気分になるようなことや、今はできないことには触れないようにします。特別なことでなくてよいので、相手が楽しめる話題を選びましょう。

❸回復後の予定に触れる
時期や内容を選ぶ必要はありますが、楽しい予定があることは、つらい治療などを乗り切る励みになります。

文例
33

●がんの人へ ●手紙 ●50代女性→50代女性

入院して抗がん剤治療を受けている友人への手紙

佳織さん、先週から入院治療が始まったそうですが、体調はいかがですか？

正美さんから、前回よりは調子がよさそうと伺い、少し安心しているのですが……。佳織さんのことだから、つらいのを隠しているのではないかと、心配です。❶**体調が悪いときは、周りにどんどん甘えてくださいね。**❷**私が病気のときも、佳織さんには本当に助けられました。**こういうときはお互い様なのですから、私にお手伝いできることがあれば何でも言ってください。

書道教室の皆も、佳織さんの復帰を首を長くして待っています。最近、かなを練習し始めた三上さんが、佳織さんにお手本を書いてもらいたがっていました。先生のお手本より、女性らしい筆づかいの佳織さんの作品のほうが参考になるんですって。冬の展覧会には、ぜひ佳織さんも出品してくださいね。百人一首を書くシリーズ、先生もとても期待しているんですよ。

❸**お元気になられたら、ぜひご連絡くださいね。私からも、またお便りします。**

かしこ

●おたよりの理由　入院して抗がん剤治療を受けている友人へ、お見舞いの手紙を送ります。

書き方のコツ

❶上から目線にならないように

相手を思いやることばは励みになりますが、表現には注意。上から目線で指示をする、病気などについて知ったかぶりをする、といった印象を与えないようにします。

❷自分のことはさらりと

自分のことは簡潔に。相手と比較するような書き方も避けましょう。

❸会いたがらないほうがよいことも

抗がん剤などの治療には副作用があるので、しばらくは人に会いたくないことも。会う時期は相手に任せたほうがよい場合もあります。

文例 34

●がんの人へ ●手紙 ●50代男性→50代男性

がんで入院していることを知った友人への手紙

●おたよりの理由　人づてにがんで入院していることを知った先輩へ、お見舞いの手紙を送ります。

前略　先日のゼミ同窓会で、遠山さんが入院されていることを聞き、とても驚きました。ご無沙汰していたため事情を知らず、お見舞いが遅れて申し訳ありません。

❶**手術は成功し、経過も順調とのことですが、体調はいかがですか？**　退院は来月とのことですが、❷**「せっかちゼミ長」と呼ばれていた遠山さんのことですから、早く退院したくてソワソワしているのではないでしょうか。**

でも、沢田教授の口癖を思い出してください。「動き出す前に、優先順位をつけなさい」と、いつもおっしゃっていましたね？　遠山さんにとって、今は体を休めるのが最優先事項です。くれぐれも無理をなさらず、しっかり療養なさってください。おしどり夫婦で有名な遠山家ですから、奥様もたいへんな思いをされたことと思います。お疲れが出ませんよう、ご自愛ください。

せっかちゼミ長のいない同窓会はもの足りなかったので、❸**遠山さんがお元気になられた頃、皆で集まりましょう。**　そのときを楽しみにしております。

草々

書き方のコツ

❶病状などを尋ねない

病名を露骨に書いたり、病気の種類や病状を尋ねたりするのは避けます。

❷必要以上に深刻ぶらない

がんはたいへんな病気ですが、周りまで深刻になりすぎると、相手も暗い気分に。軽すぎる調子はよくありませんが、明るいトーンでまとめることを心がけます。

❸具体的に書かないほうがよいことも

相手の病状がわからない場合、今後の予定については具体的に書き過ぎないようにします。万が一、相手にできないことを書いてしまうと、傷つけることになりかねないからです。

●がんの人へ ●メール ●50代男性⇒50代男性

文例35

長期入院中の友人へのメール

●おたよりの理由　がんの治療のため、長期入院している友人に、励ましのメールを送ります。

大田洋介様
調子はどうですか？
そろそろホームシックになっているのでは？
昨日、中古CDショップで、
洋介の好きなバンドのアルバムを見つけました。
70年代に録音された海外のライブ盤なんだけれど、
たぶん、洋介はもっていないんじゃないかな。
ほかにも、なつかしいCDをいくつか見つけたので、
まとめて送ります。明日には着くと思うので、
ひまつぶしに聞いて、感想を教えてください。
この前、数年ぶりにギターを弾いてみたら、
まったく指が動かなくなっていました。
洋介、元気になったら久しぶりにセッションしませんか？
その日に備えて、今日から毎日、練習しておきます。
藤村浩太

●がんの人へ ●メール ●40代女性⇒40代女性

文例36

手術後、落ち込んでいる友人へのメール

●おたよりの理由　がんの手術後、ナーバスになっている友人に、励ましのメールを送ります。

杉田小百合様
小百合ちゃん、ひさしぶり。体調はどうですか？

この前は、食事会に来られなくて残念。

佐藤さんと上田さん、瞳ちゃんも、
小百合ちゃんにとても会いたがっていました。

そのとき、皆から小百合ちゃんへの退院祝いを預かったの。

中身は教えてくれなかったけど、

「小百合ちゃんが絶対に喜ぶもの」って言っていました。

それから、再来週からAギャラリーで、佐藤さんの写真展が始まるんだって。招待券をもらったから、よかったら、いっしょに行ってみない？

預かった退院祝いも渡したいから、
近いうちにお茶か食事でもどうですか？

また、連絡するので、ご都合教えてください。

寺田博美

文例37

けがのリハビリ中の同僚への手紙

●リハビリ中の人へ ●手紙 ●40代男性→40代男性

●おたよりの理由　けがで手術・入院し、リハビリ中の友人に経過を尋ね、励まします。

島崎君、その後いかがですか。

先週からは本格的なリハビリが始まったと聞きました。❶**しばらくは何かと不自由なことも多いでしょうが、今はけがをしっかり治すことが第一です。焦らず、治療に専念してください。**

❷**島崎君が企画した新商品、先週、発売されました。店舗での評判もよく、売上も順調に伸びているようです。**入院中にメールで最終確認をするほど力を入れていただけあって、パッケージのデザインは抜群ですね。実際に売り場に並べると、パッと目をひくものに仕上がっています。営業部の村田さんが写真を撮ってきてくれたので、何枚か同封します。

大学時代にラグビーで鍛えた島崎君のことだから、リハビリの成果が出るのも早いでしょうが、けがは治りかけが肝心です。決して無理をせず、先生方の言うことを聞いてじっくり体を治してください。

❸**退院したら、お祝いに寿司でも食べに行きましょう。**企画部一同、一日も早い職場復帰をお祈りしています。

草々

書き方のコツ

❶**相手を焦らせない**
リハビリは、効果を実感できるまでに時間がかかることも。相手の焦りをあおるようなことを書かないように注意します。

❷**よいニュースを伝える**
仕事上のよいニュースは、早めに知らせます。仕事の成果を実感することは、早くけがを治して仕事にもどりたい、という意欲につながります。

❸**退院後の予定を立てる**
退院後に楽しみを準備しておくことは、相手にとって大きな励みになります。

文例38

●リハビリ中の人へ ●手紙 ●40代女性→70代男性

脳の病気のリハビリが順調な義父への手紙

●**おたよりの理由**　脳の病気の手術後、リハビリに取り組んでいる義父に、順調な回復を喜ぶ手紙を送ります。

前略　お父さん、毎日、頑張ってリハビリに取り組んでいらっしゃると聞きました。経過はいかがでしょうか。

先週伺ったとき、立てるようになっていたので安心しておりましたが、昨日のお母さんの電話によると、もう歩く練習まで始めているとか。❶**あまりの回復の早さに、義男さんも私もびっくりしています。**

この調子で回復すれば、予定より退院が早まるそうです。ご自宅に戻られたら、これまでどおり週末のウォーキングにおつき合いさせてくださいね。❷**そろそろ日射しが強くなる季節ですので、先日、お父さん用にスポーツ用の帽子を買いました。**シューズとおそろいの黄緑色で、少し派手ですが、お父さんには似合うと思います。

来週末には、また病院に伺います。❸**お母さんには、週末は付き添いをお休みして、家でゆっくりされるようにお伝えください。**

お父さんとのウォーキングの再開を楽しみにしています。

かしこ

書き方のコツ

❶喜びは素直に伝える

順調に回復している場合は、喜びやホッとした気持ちなどを素直に伝えます。

❷回復を待つ気持ちを伝える

具体的なエピソードで、家族が回復と退院を楽しみにしていることを伝えます。

❸義母への気づかい

看病している義母をいたわることも大切。身内として十分にサポートしている場合でも、中心となって看護をしている人にはねぎらいのことばをかけるようにします。

文例
39

病状がわからない先輩への手紙

●リハビリ中の人へ　●手紙　●40代男性→50代男性

前略　吉野さんより、長谷川さんが入院し、現在は自宅療養中だと聞きました。最近、ご無沙汰しているのが気になってはいたのですが、まさかご病気とは思わず、とても驚きました。

知らずにおりましたため、お見舞いがたいへん遅くなってしまい、申し訳ありません。

❶すでに退院し、今は通院しながらリハビリに励んでいらっしゃるとのこと。❷ご回復を心よりお祈りいたします。

人一倍責任感の強い長谷川さんですから、お仕事のことなども気がかりでしょうが、今は体を治すことに専念なさってください。

奥様、お嬢様もお疲れが出る頃かと思いますので、くれぐれもご自愛ください。また、私でお役に立てることがあれば、ぜひお手伝いさせてください。

ささやかですが、お見舞いを同封させていただきますので、お納めください。

❸一日も早くお元気になられることをお祈りし、まずは書面にてお見舞い申し上げます。

草々

●おたよりの理由　リハビリ中であることを知ったが、病状がわからない先輩に、お見舞いの手紙を送ります。

書き方のコツ

❶病状などに踏み込まない

病後にリハビリが必要な病気は、深刻なものであることが少なくないので、病名や病状には触れないようにします。

❷期待するようなことを書き過ぎない

リハビリをしても体の機能を完全には取り戻せないことがあるので、全快や早い回復を祈ることばは避けたほうがよいでしょう。

❸相手を傷つけない表現を選ぶ

病状がわからない場合は、具体的なことを書いたり、回復後のことに触れたりするのは避け、一般的なお見舞いのことばにとどめます。

●リハビリ中の人へ ●手紙 ●40代女性→70代女性

文例40

リハビリがはかどらない母への手紙

●おたよりの理由　病後のリハビリの成果が思うように出ない母親を慰め、励まします。

お母さん、調子はどうですか？

週3回のリハビリを続けているそうだけれど、通院だけでも大変でしょう。「よく続くな」って、お父さんも感心していました。

早くよくなってほしいけれど、無理はしないでね。私たちにとっては、お母さんがニコニコしていてくれることがいちばんなんだから。

週末、美佐をつれて遊びに行きます。

美佐は、おばあちゃんのお饅頭が食べたいんですって。「教えてもらいながら自分で作る」とやる気満々なので、ご指導をお願いします。家では料理の手伝いもしないので、無事に完成するかどうか怪しいものだけれど……。

土曜日、楽しみにしています。

●リハビリ中の人へ ●メール ●40代女性→40代女性

文例41

仕事復帰が近い同僚へのメール

●おたよりの理由　仕事復帰の日が近づいてきたリハビリ中の同僚に、復帰を待つ気持ちを伝えます。

石原順子様
順子さん、ご無沙汰しております。来週はいよいよ、
職場復帰ですね。体調はいかがですか？
経理部の入り口に貼ってあるカレンダーには、
順子さんが戻ってくる予定の
9月10日に大きな丸印がついています。
引き継ぎの資料は、なんとお局の野口さんが
自分で作ったんですよ！
「ちゃんとしたものを作っておかないと、
順子さんの仕事がきつくなるから」って。
仕事のペースを取り戻すまでは大変だと思います。
私たちも頑張ってサポートしますので、
無理はしないでくださいね。9月10日、
元気な順子さんに会えるのを楽しみにしています。
浜田由美

本人からの礼状の書き方

礼状を出すタイミングは病状が落ち着いてから

一般的な礼状はできるだけ早く出すのがマナーですが、病気見舞いへのお礼の場合、急ぐ必要はありません。礼状を書くタイミングは、病状が落ち着いてから。体調が悪い状態で無理をして書いても、相手に心配をかけてしまいます。無理なく手紙を書ける状態になってから出すようにしましょう。

快気祝いを贈るなら、品物に添える手紙を、礼状を兼ねたものにしても構いません。快気祝いを贈るタイミングは「退院または床上げしてから10日以内」をめやすにしますが、退院後に治療や療養が必要な場合は、もう少し時間がたってからでもよいでしょう。

相手への感謝の気持ちを伝える

病気見舞いの手紙は時候のあいさつなどを省略して書きますが、礼状の場合は、一般的な手紙の書き方のルールに従うのが基本です。親しい人に宛てる場合以外は、頭語や季節のあいさつ、相手の安否を尋ねるあいさつなどの「前文」から書き始めましょう。

礼状のポイントは、入院中や療養中にお世話になった感謝の気持ちを伝えること。そのため、お礼以外の用件を書き添えるのはマナー違反とされています。

病状に関する報告はしなくてもよい

病気が回復している場合は、経過や今後の見通しなどに触れますが、病状が思わしくない場合は、あえて触れる必要はありません。相手に過剰な心配をかけないよう、表現などを工夫することも大切です。また、仕事関係の人に対しては、迷惑をかけたことを詫びるひと言も添えましょう。

文例
42

●親族へ ●手紙 ●70代女性⇒40代女性

義理の娘への礼状

❶恵子さん、お見舞いのお手紙をどうもありがとう。急な知らせで、驚かせてしまったようでごめんなさい。お父さんが大げさに言い過ぎたのかもしれませんね。

❷今回は、夏かぜをこじらせてしまい、しばらく寝こんでいました。先月から少し調子が悪いな、とは思っていたのだけれど、これまでたいした病気もしなかったので、「そのうちに治る」なんて軽く考えていたの。

結局、そのせいで気管支炎を起こしてしまって……。お父さんにも、「もう若くないんだから、病気を甘く見てはいけない！」としかられてしまいました。

❸恵子さんや徹にも心配をかけてしまったけれど、もうすっかり元気になりました。通院も昨日で終わり、今日は公園までお散歩にも行ったのよ。来月には、予定どおり、沖縄旅行にも行けそうです。

暑さがやわらいだとはいえ、季節のかわりめには夏の疲れが出やすいので、恵子さんもお体をお大事に。

まずはお礼まで。

●おたよりの理由　軽い病気を心配して手紙を送ってきた遠方に住む義理の娘へ、病状の報告などをします。

書き方のコツ

❶**親しい相手なら頭語を省いても**
親しい相手に宛てる場合は、頭語などを省略しても構いません。礼状の場合は、お礼のことばから書き出してもよいでしょう。

❷**病状などの報告**
相手と直接会ったり話したりしていないときは、簡単に病状の報告をします。

❸**現在の体調を知らせる**
心配をかけたことをお詫びし、回復したことを知らせます。元気になったことが伝わる具体的なエピソードを含めてもよいでしょう。

●親族へ　●メール　●40代男性→50代女性

文例43　姉からのメールへのお礼

●おたよりの理由　手術の予定を聞いてメールを送ってきた姉に、術後に報告とお礼のメールを送ります。

西田令子様
令子姉さん、昨日はメールをありがとう。
手術といっても簡単なものなので、
とくに心配していなかったけれど、
初めてのことだから、やっぱり緊張していたのかな。
姉さんからのメールを読んで、なんだかホッとしました。
現役の看護師だけあって、説明もわかりやすいし……。
おかげで、リラックスして手術を受けることができました。
思っていたほど術後の痛みもないし、食欲も旺盛。
歩いたほうが回復が早いと言われ、
今日は1階の売店にも行ってきたよ。
心配をかけてしまったけれど、こんな調子だから、
もう大丈夫。退院は来週の月曜日の予定です。
今回は、いろいろありがとう。退院したら、連絡します。
大田俊介

●親族へ　●メール　●30代女性→60代女性

文例44　母のお見舞いへのお礼

●おたよりの理由　病院へお見舞いに来てくれた母親に、退院の報告をかねてお礼を伝えます。

お母さん
お母さん、入院中はいろいろありがとう。
わざわざ甲府から来るのは大変だったでしょう？
でも、心細いときにお母さんが近くにいてくれて、
とても安心できました。健一さんも不安だったみたいで、
お母さんが来てくれてよかった、と何度も言っていました。
本当にどうもありがとう。
おかげで回復も早く、今日の午前中、退院しました。
家に帰ってきただけで、もうすっかり元気になった気分。
再来週の仕事復帰に向けて、少しずつ体力をつけて、
生活リズムも整えなくちゃね。
来月の連休には、健一さんといっしょに顔を出します。
そろそろインフルエンザがはやる季節だから、
お母さんも体には気をつけてね。
佐和子

文例 45

職場復帰の報告を兼ねた礼状

●職場関係者へ ●手紙 ●50代男性→50代男性

❶拝啓　紅葉の候、皆様にはますますご清祥のこととお喜び申し上げます。
❷先日は、ご多忙中にもかかわらず、わざわざお見舞いにお越しいただき、ありがとうございました。
今回のことで、健康の大切さをあらためて実感いたしました。「丈夫なことだけが取り柄」と思っていたため、初めての入院で落ち込んでおりましたが、飯田さんの励ましのおかげで、前向きな気持ちになることができました。

おかげ様で順調に回復しており、月末には退院の予定です。

退院後、1週間ほど自宅療養をさせていただきますが、11月4日より通常どおり出勤いたします。
❸業務多忙の折、飯田さんをはじめA社の皆様には多大なご迷惑をおかけしてしまい、申し訳ありません。復職後は、健康管理に気を配りつつ仕事に取り組んでまいりますので、今後ともご指導のほど、よろしくお願いいたします。
まずは書中をもちましてお礼申し上げます。

敬具

●おたよりの理由　入院中、お見舞いに来てくれた取引先の担当者へ、職場復帰の報告を兼ねて礼状を送ります。

書き方のコツ

❶前文は省略しない
お見舞いの手紙は「急いで書いた」ことを伝えるために前文を省略しますが、礼状は一般的な手紙の形式に従って書きます。

❷感謝の気持ちを伝える
お見舞いに来てくれたことなどに対する感謝の気持ちをストレートに記します。

❸迷惑をかけたことを詫びる
仕事関係の相手に対しては、業務上、迷惑をかけたことを謝罪することばを添えておくとよいでしょう。

文例46

お見舞い金をいただいた上司への礼状

●職場関係者へ ●手紙 ●40代女性→50代女性

●おたよりの理由　上司に、退院したことの報告を兼ねてお礼を伝え、快気祝を送ったことも伝えます。

拝啓　吹く風が涼しくなってまいりました。その後、お元気でご活躍のことと存じます。

このたびの入院に際しましてはご心配をおかけしましたが、❶**おかげ様で、9月15日、無事に退院することができました。**

❷**入院中はお忙しい中、わざわざ病院まで足を運んでいただき、また、お見舞いまで頂戴いたしまして、どうもありがとうございました。**慣れない入院生活で気分も沈みがちだったのですが、久しぶりに水野課長にお会いすることができて、一気に元気が出ました。

退院後は、気力と体力が回復していくのを実感しております。水野課長ならびに業務部の皆さんにはたいへんご迷惑をおかけしましたが、10月には仕事に復帰いたしますので、今後ともご指導をお願いいたします。

また、❸**別便にて、心ばかりの品を送らせていただきましたので、お納めください。**まずは書中をもちまして、退院のご報告とお礼のごあいさつを申し上げます。

敬具

書き方のコツ

❶**退院の報告**
すでに退院している場合は、退院日などを具体的に書いておくと、相手も安心します。

❷**お見舞いへのお礼**
お見舞いの品やお見舞い金などをもらった場合は、そのことにも触れて感謝の気持ちを伝えます。

❸**快気祝いを贈るとき**
お見舞いのお礼として快気祝を贈る場合は、品物より先に礼状を発送。品物が届くことを事前に伝えておくようにします。

文例
47

親しい職場の後輩への礼状

●職場関係者へ ●手紙 ●50代男性→40代男性

●おたよりの理由 入院を知ってお見舞いの手紙をくれた職場の親しい後輩に、入院中に礼状を出します。

佐藤くん、先日はお見舞いの手紙をどうもありがとう。

入院直後でバタバタしており、なかなか返事が書けず、申し訳ありませんでした。❶**幸い、手術の必要もなく、今はすっかり落ち着いています。**

❷**救急車で運ばれたときはどうなることかと思ったけれど、検査の結果は急性膵炎《すいえん》とのこと。**原因は、おもにお酒の飲みすぎらしい。肝臓は丈夫だからと健康を過信していたけれど、まさか膵臓に負担がかかっていたとは……。ベッドで空腹を抱え、反省の毎日を送っています。

❸**急な入院で、佐藤くんをはじめ、開発部の皆にご迷惑をおかけしてしまい、本当に申し訳ありません。**とくに、私の担当分までフォローしてくれている佐藤くん、橋本さんには、心から感謝しています。

月末の職場復帰を目指して、もうしばらくは治療に専念させていただきます。体調がもどったら、お礼に1杯ごちそうさせてください。もちろん、私はウーロン茶にしておきますが。

開発部の皆にも、よろしくお伝えください。とり急ぎ、書中にてお礼まで。

書き方のコツ

❶**現在の状況を伝える**
病状がわからず、心配して手紙をくれた相手には、現在の状況を簡潔に伝えます。

❷**病名などを伝える**
すでに病状が落ち着いており、ひどく深刻な病気ではない場合、親しい相手には病名を伝えたほうが、安心感につながることがあります。

❸**迷惑をかけたことへの謝罪**
後輩や部下であっても、仕事関係者へは、迷惑をかけたことを詫びるひと言を添えるのがマナーです。

●職場関係者へ ●メール ●30代男性→50代男性

文例48 上司からのメールへの返信

●おたよりの理由 お見舞いのメールを送ってくれた上司に、現状報告を兼ねて返信します。

篠原部長
このたびは、私の入院に際し、篠原部長をはじめ皆さんにご心配、ご迷惑をおかけしてしまい、申し訳ありません。

お忙しい中、メールをいただき、ありがとうございました。

添付していただいた企画部のメンバーからのメッセージも、うれしく読ませていただきました。

幸い、軽症でしたので回復も早く、今日からは食事も普通食に切りかわりました。

退院も近そうですので、どうかご安心ください。

今回のことで、日ごろの健康管理の大切さを痛感しました。

二度とこのようなことのないよう、生活も見直していこうと思います。

退院が決まりましたら、またご連絡いたします。

企画部の皆さんにも、よろしくお伝えください。

石野洋平

●職場関係者へ ●メール ●40代女性→30代女性

文例49 お見舞いの都合を聞いてきた後輩への返信

●おたよりの理由 メールでお見舞いに来たいと言ってきた後輩に、都合を知らせます。

池田美由紀様
池田さん、メールをどうもありがとう。

皆さんに心配をおかけしてしまい、申し訳ありません。

会社で急に具合が悪くなり、皆に迷惑をかけてしまったけれど、急性の虫垂炎でした。

もう手術も済み、すっかり落ち着いています。

自分でも意外なほど元気で、退屈してきたところなので、お見舞いは大歓迎です。水曜でも木曜でも大丈夫。

ちなみに、面会時間は13時～20時。私の病室は715です。

でも、月末で仕事も忙しいでしょうから、無理はしないでね。それから、ノーメイクの私を見ても、笑ったり記念撮影をしたりしないようにお願いします。

いろいろと気にかけてくれて、本当にありがとう。

お会いできるのを楽しみにしています。

島田理沙

文例50

●友人へ ●手紙 ●40代女性→40代女性

お見舞いに来てくれた友人への礼状

●おたよりの理由　入院中、お見舞いに来てくれた友人に送る快気祝いに、礼状を同封します。

京子ちゃん、先日はわざわざお見舞いに来てくれて、どうもありがとう。心配をかけてしまったけれど、❶**昨日、無事に退院することができました。**

京子ちゃんが来てくれたときは、辛い時期をこえて、少し退屈になってきていたの。とくにすることもなくて時間がいっぱいあるから、仕事のことや家のことが気になって、わけもなく不安になったりして……。

でも、京子ちゃんの顔を見て、いつもどおりのくだらない話で盛り上がったら、すっかり気持ちが明るくなりました。❷**経過がよく、予定より早く退院できたのも、京子ちゃんパワーのおかげかも。本当にありがとう。**

あと1週間、家でのんびりしてから仕事に戻る予定です。「若いつもりでも四十路！」という京子ちゃんのことばを忘れず、これからはマイペースで働くね。

❸**同封の品物は、ささやかですが、私からの感謝の気持ちです。**京子のイメージカラーを選んでみたのだけれど、気に入ってもらえるかな？

近いうちに連絡するので、ごはんでも食べに行きましょう。

とり急ぎ、退院のご報告と、お礼まで。

書き方のコツ

❶**退院時期を知らせる**
すでに退院している場合は、いつ退院したのかを伝えるとよいでしょう。

❷**感謝の気持ちを具体的に**
お見舞いに来てもらってうれしかったこと、助けられたことなどを具体的に書き、感謝の気持ちを伝えます。

❸**快気祝を贈るとき**
品物に手紙を同封する場合、相手からのお見舞いへのお礼として贈る快気祝いの品であることに触れておきます。

文例
51

●友人へ ●手紙 ●40代男性→40代男性

お見舞いの品を贈ってくれた友人への礼状

●おたよりの理由　入院を知ってお見舞いの品を贈ってくれた遠方に住む友人へ、退院後に礼状を送ります。

拝啓　まだまだ寒い日が続きますが、お元気でお過ごしのことと思います。

❶**先日は、お見舞いの品をいただき、どうもありがとうございました。**おかげ様で、2月10日に、無事退院することができました。

佐々木くんにも心配をかけてしまったけれど、今回の入院には、自分がいちばんびっくりしました。川村くんたちから聞いているかもしれないけれど、❷**軽い胃潰瘍だったので、1週間ほどの入院で済みました。**

学生時代は野球、社会人になってからも水泳やジョギングを続けていたから健康には自信があったのだけれど、過信は禁物だね。見舞いに来た川村くんには、「体は強いけれど、心が弱いんじゃないか?」と言われてしまった。❸**たしかに僕は、ヒットを1本打たれると、そのまま崩れてしまうピッチャーだったからなあ。これからは、水泳とジョギングに加え、座禅でもして、ストレスに負けない強い心をつくるつもりです。**

別便で内祝いの品をお送りしたので、お納めください。

今回は、温かい励ましを本当にありがとう。とり急ぎ、お礼まで。

敬具

書き方のコツ

❶お見舞いへのお礼
お見舞いの手紙や品物をいただいたことへのお礼を伝えます。

❷病状を伝える
お見舞いに来られない相手は病状を心配していることが多いので、可能な範囲で病状や経過を伝えて安心させましょう。

❸相手に合わせた内容を
プライベートの友人であれば、仕事のことなどより、共通の話題を取り上げます。明るいトーンで書くことで、元気になっていることも伝わります。

文例 52

●友人へ ●手紙 ●40代女性→40代女性

入院中、手助けをしてくれた友人への礼状

●おたよりの理由　入院中、家のことなどを手伝ってくれた友人へ、感謝の気持ちを伝えます。

❶庭の桜がつぼみをつけ始めました。美佐子さん、お変わりありませんか？

入院中は、ご迷惑、ご心配をおかけしましたが、おかげ様で、**❷昨日、退院し、今日は朝から元気いっぱい。庭の花の水やりも、しっかり済ませました。**

今回の入院では、美佐子さんにたいへんお世話になりました。

急な入院で準備ができず、夫も海外出張中。どうしたらいいかわからず、思わず美佐子さんに頼ってしまいました。着替えの準備から入院時の付き添い、おまけにチョコのペットホテルの手配まで……。たいへんなお手間をかけてしまい、ごめんなさい。

❸ぼんやりしている私を助けてくれた美佐子さんには、心から感謝しています。こうして元気になれたのも、辛いときに手を差し伸べてくれた美佐子さんのおかげです。本当に、どうもありがとうございました。

心ばかりのものですが、別便にてお礼の品をお送りしましたので、お納めください。体調が落ち着いたらご連絡しますね。

まずは、退院のご報告とお礼まで。

かしこ

書き方のコツ

❶時候のあいさつ

女性の場合、「早春の候」のような漢語調のものより、季節を感じさせる一文を添えたほうが、やわらかい印象になります。

❷回復していることを伝える

退院したことを報告し、経過がよい場合は、元気になっていることを伝えます。

❸感謝の気持ちを伝える

感謝の気持ちは、具体的なエピソードを添えるなどして、自分のことばで率直に伝えます。

文例
53

長期入院が必要な場合の礼状

●友人へ ●手紙 ●50代男性→60代男性

拝啓　新緑の候、お元気でご活躍のことと思います。

先日は、心のこもったお見舞いの手紙をいただき、どうもありがとうございました。石川さんを始め、書道教室の皆さんにまでご心配をおかけしてしまい、申し訳ありません。

お聞きおよびのとおり、先月末よりA病院に入院しております。❶**まだしばらくは入院が必要な状況ですが、**一日も早く治そうと治療に専念しておりますので、❷**他事ながらご休心ください。**
❸**お手紙に同封していただいた展覧会の写真、一枚一枚、じっくり拝見しました。**石川さんの仮名は、さすがに美しいですね。吉野さんの写経も力作！私も皆さんに近づけるよう、もっと練習を重ねなければ、と思わされました。
季節のかわり目で、風邪がはやっているようです。石川さんも、どうぞご自愛ください。

まずは書中をもちまして、お礼を申し上げます。

敬具

●**おたよりの理由**　お見舞いの手紙をくれた友人へ、闘病を続けながら礼状を送ります。

書き方のコツ

❶**治療に時間がかかるとき**
治療に時間がかかったり、病状が思わしくなかったりする場合は、くわしく伝える必要はありません。

❷**手紙ならではの表現**
「あなたには直接関係のないことですが、どうぞご安心ください」のような意味。謙遜する表現なので、自分に対して使います。

❸**明るい話題を選ぶ**
病状に触れたくない場合は、明るい話題を選びます。暗い調子の手紙にならないように注意しましょう。

第3章

家族が病気の人へのお見舞いの文例

家族が病気の人への病気見舞いの書き方

読み手に応じて書き方を工夫する

病気の人の家族宛てにお見舞いの手紙を出すのは、友人や知人の家族が病気になったとき、または、友人や知人の病状が思わしくない場合。本人宛ての手紙と同様、知らせを聞いたらできるだけ早めに出し、時候のあいさつなどは省略します。

友人や知人の家族に宛てる場合は、くだけた書き方は避けたほうがよいでしょう。家族が病気になった友人や知人に宛てる場合は、ある程度親しみを込めた書き方をして構いませんが、状況を軽く考えていたりするような印象を与えないよう、内容や言い回しには十分に気を配りましょう。

不吉なことを連想させる忌みことばを避ける

病気の人やその家族はナーバスになっていることが多いので、お見舞いの手紙では「忌みことば」を避ける気配りも欠かせません。忌みことばとされるのは、「死」「苦しみ」など不吉なことを連想させたり、「くり返し起こること」を思わせたりする表現など。また、くり返しを避ける意味で、「追伸」を添えるのもよくないとされています。

お見舞いの手紙の忌みことばの礼

●不吉なことを連想させることば

死（四）、苦（九）、無、寝付く、根付く、寝込む、滅びる、衰える、枯れる、落ちる、やつれる、尽きる、逝《い》く　など

●くり返しを連想させることば

重なる、続く、再び、くり返す、追って、返す返す、重ね重ね、しばしば、たびたび、また、またまた　など

文例54

夫が病気で入院した友人へのお見舞い

●夫が病気 ●手紙 ●50代女性→50代女性

●おたよりの理由　夫が入院し、看病をしている友人を励まし、回復を祈る手紙を送ります。

❶**前略**　ご主人様が入院中と聞き、とても驚いています。

西田さんのお話によると、間もなく退院のご予定とのことですが、お加減はいかがですか。

真由美さんも、さぞやご心配のことと思います。お仕事をしながら病院と家を行き来するのは大変でしょう。❷**看病疲れが出ないよう、ご自分の体にも気をつけてくださいね。**

真由美さんおひとりでは大変なこともあるでしょう。私にできることがあれば、何でもお手伝いさせてください。近くに住んでいるのですし、車の運転もできますから、❸**荷物が多いときやお疲れのとき、病院への送り迎えなどもできますよ。**いつでも、遠慮なく声をかけてください。

ご主人様も、ご不自由が多いかと思いますが、今は真由美さんの言うことを聞いて、治療に専念していただいてください。

とり急ぎ、書面にてお見舞い申し上げます。どうぞお大事に。

かしこ

書き方のコツ

❶**頭語**
病気の人本人に宛てる手紙と同様、頭語は「前略」「急啓」などを用います。

❷**看病する人を思いやる**
看病する人が自分の友人・知人の場合はとくに、看病の大変さなどを思いやることが大切です。

❸**手伝いを申し出る**
手伝いを申し出るときは、自分にできることを具体的に書いておくとよいでしょう。

文例
55

遠方に住む友人へのお見舞い

●夫が病気 ●手紙 ●40代女性➡40代女性

❶愛子さん、お手紙をいただきました。❷俊彦さんが胆石で入院されたとのこと。先月、ご夫婦で海外旅行に行かれたばかりと聞いていたので、とてもびっくりしました。でも、手術も無事に終わり、順調に回復されているようなので、ひとまず安心しました。

20日間の入院ともなると、看病も大変でしょう。面倒見のよい愛子さんのことだから、毎日のように病院に通っているんじゃない？　いろいろ心配でしょうけれど、無理をし過ぎないでね。俊彦さんのためにも、まずは愛子さん自身の体のことを考えてください。

❸できればそちらにうかがって愛子さんをサポートしたいけれど、遠方のためそれもかなわず、申し訳なく思っています。ささやかですが、お見舞いを同封するのでお納めください。

近いうちにお電話しますので、そちらの様子を聞かせてね。俊彦さんの回復をお祈りしています。

かしこ

●おたよりの理由　夫が入院したことを知らせてきた友人に、心配している気持ちを伝え、夫の回復を祈ります。

書き方のコツ

❶本文から書き始める
お見舞いの手紙の場合、「前略」なども省き、本文から書き始めても構いません。

❷病名などを知らされているとき
先に相手から知らされており、治療によって完治するような病気の場合は、病名を書いてもよいでしょう。

❸手助けできないことを詫びる
家族の病気を知らせてくるほど親しい相手には、お見舞いに行けない場合、そのことを詫びるひと言を添えておくとよいでしょう。

文例56

夫の入院で落ち込んでいるおばへの手紙

●夫が病気 ●手紙 ●40代女性→60代女性

●おたよりの理由　夫が入院したことで落ち込んでいるおばを励まします。

前略ごめんください。昨日父から、洋二おじさんが入院されたことを聞きました。

❶急な入院だったようなので、祥子おばさんもショックだったでしょう。「電話の声が元気がなかった」と、父がとても心配していました。

いろいろと大変でしょうが、何か私にできることはありませんか？　両親は札幌ですが、私は近くに住んでいるのですから、少しでも祥子おばさんのお力になれれば、と思っています。

❷平日なら夕方以降、週末ならいつでも時間を作れます。お手伝いできることがあったら、遠慮なく声をかけてください。

ご迷惑でなければ、今週末、お見舞いに伺います。父によると、洋二おじさんは食事制限がないとのこと。❸祥子おばさんが好きなプリンを作っていきますので、いっしょに召し上がってください。

洋二おじさんが一日も早く元気になり、祥子おばさんにも、いつもの素敵な笑顔が戻りますように。

かしこ

書き方のコツ

❶心配していることを伝える
病気の人本人だけでなく、手紙の相手のことも心配していることを伝えます。

❷自分にできることを具体的に
看病している人を手助けすることができる場合、自分にできることを具体的に書くことで、本当に手伝う気持ちがあることが伝わります。

❸励ましはさりげなく
相手が落ち込んでいる場合、「頑張れ」などのことばは逆効果になることも。相手に合わせて、さりげなく励ますようにしましょう。

文例57

取引先の担当者へのお見舞い

●夫が病気 ●手紙 ●50代女性→50代女性

前略　ご主人様が入院されたと伺い、突然のことに驚いております。
看病のため、しばらくは16時半までの勤務になるとのこと。ごていねいにご連絡をいただき、ありがとうございました。
❶**お仕事を続けながらの看病は大変かと思いますが、どうかご無理をなさらずに。**いつも三人分ぐらいのお仕事を軽々とこなしている石田さんですが、病院と家、会社の往復は、体力的にも負担が大きいと思います。ご自身の体をいたわることも忘れないでください。
時短勤務中は、いつもお世話になっている弊社の営業部一同、できるだけご迷惑をおかけしないよう、仕事の手順なども見直していこうと話し合いました。❷**こうしたことはお互い様ですので、**やりにくい点などがあれば、遠慮なくおっしゃってください。
❸**ご主人様の一日も早いご退院をお祈りいたします。**
まずは取り急ぎ、書中をもちましてお見舞い申し上げます。

かしこ

●**おたよりの理由**　夫の入院のため、時短勤務となることを知らせてきた担当者に、お見舞いの手紙を送ります。

書き方のコツ

❶**相手を思いやる**
仕事関係者であっても、業務のことより先に、相手を思いやることばを述べます。

❷**相手の負担を軽くする**
仕事関係者に迷惑をかけている、という思いはストレスになるもの。可能な範囲で、相手の精神的な負担を軽くするよう書き方を心がけます。

❸**病状などに踏み込まない**
相手が伝えてこない場合は、病名や病状、入院期間などについて尋ねないようにします。

文例 58

同僚への病気見舞い

●夫が病気 ●手紙 ●40代女性→40代女性

●おたよりの理由　夫が入院中であることを人づてに聞いた同僚に、お見舞いと励ましの手紙を送ります。

❶昨日、研修でごいっしょした神奈川支社の方から、隆司さんが椎間板ヘルニアで入院中、と聞きました。顔を見たばかりだったので、とても驚いています。先月の同期会で、千春さんと並んでいる元気な

❷手術も済み、今は順調に回復中とのことで少し安心しましたが、千春さん、大変だったでしょう？　仕事と子育て、看病を同時にこなすのには、相当なパワーが必要ですよね。

そろそろ看病疲れが出てくるころでしょうから、忙しいでしょうけれど、体を休める時間も大切にしてくださいね。

大阪からではお見舞いにうかがうこともできず、何もお手伝いできなくてごめんなさい。同封した写真集は、わたしからのささやかなお見舞いです。❸千春さん、隆司さんが大好きな、イタリアの絶景を集めたものです。見ているだけで癒されるので、ふたりでいっしょに楽しんでください。

隆司さんの一日も早い回復をお祈りしています。

かしこ

書き方のコツ

❶事情を知った経緯
人づてに聞いた場合は、事情を知った経緯を簡単に書いておきましょう。

❷看病する人の気持ちを考える
回復中と聞いて安心するのは、他人だから。今後も看病が続く相手の気持ちを考え、ねぎらいのことばを添えることが大切です。

❸お見舞いの品の選び方
病気の人より看病している妻との関係のほうが深い場合、お見舞いの品はふたりで楽しめるものを選ぶと喜ばれます。

文例59

重病の友人の家族への病気見舞い

●夫が病気 ●手紙 ●50代男性→50代女性

前略 ❶昨年までA社編集部で木下さんとごいっしょしておりました、山口健太郎と申します。

先日、A社の大木部長より、❷木下さんのご病気のことを伺いました。急な知らせに、今はただ驚いております。

大木部長によると、回復にはしばらく時間がかかりそうとのことで、私どももとても心配しております。また、ご家族の皆様も、不安な思いをなさっているのでは、と案じております。

❸学生時代からスポーツマンだった木下さんですから、きっと病気を克服されると信じております。ご家族の皆様のご心労も並大抵ではないでしょうが、どうかご無理をなさらず、ご自愛ください。

かえってご迷惑になるかと思い、お見舞いは控えさせていただきますが、何かお手伝いできることがありましたらお申しつけください。

木下さんの回復をお祈りし、取り急ぎ、書中にてお見舞い申し上げます。

草々

●おたよりの理由 友人が重い病気で入院中のため、家族宛てにお見舞いの手紙を送ります。

書き方のコツ

❶面識のない家族には自己紹介を

面識のない家族宛てに手紙を出す場合は、病気の人との関係を簡潔に述べ、フルネームを記しておきます。

❷病名には触れない

病状が思わしくない場合、病名などを書くのは避けたほうがよいでしょう。

❸病状に合わせて表現に気を配る

完治が見込めない病気の場合、「全快」「退院」などのことばが家族の気持ちを傷つけることがあります。相手の病状などを考えたうえでことばを選ぶようにしましょう。

●夫が病気　●メール　●40代女性⬇50代女性

文例60　姉へのメール

●おたよりの理由　自宅療養中の夫の看病を続けている姉に、お見舞いと励ましのメールを送ります。

綾子姉さん
綾子姉さん、元気にしてますか？
その後、お兄さんの調子はどうですか？
この前、姉さんに教えてもらったレシピで
肉じゃがを作ってみたの。
「いつものよりもおいしい」って、子どもたちにも大好評。
お兄さんの大好物というだけあって、味が繊細なのね。
我が家の定番メニュー入り決定です。
今度の土曜日、お昼前にはそちらに行きます。
洋一さんが車を出すので、お兄さんもいっしょに
中央公園に行かない？
お天気もよさそうだし、たまには外で過ごすのも
気分転換になると思うの。
金曜日、もう一度連絡するので、都合を教えてね。
美恵子

●夫が病気　●メール　●30代女性⬇40代女性

文例61　親しい先輩へのメール

●おたよりの理由　夫が入院中であることを話してくれた職場の先輩に、励ましのメールを送ります。

菅原愛子様
愛子さん、ご主人様の入院のことを伺い、驚きました。
最近、何度か早退をされているのは気づいていましたが、
ご主人様の看病のためだったんですね。
愛子さんは、ご主人様にとっても、
私たち販売チームにとっても大切な人です。
3週間の入院とのことで、しばらくは大変でしょうが、
あまり無理をせず、ご自分のお体にも気をつけてください。
いつも愛子さんに仕事が集中してしまいますが、
これからは、私たちにも遠慮なく振ってください。
出来の悪い後輩ですが、がんばりますので！
仕事以外でも、何かできることがあれば
喜んでお手伝いします。
ご主人様の一日も早い回復をお祈りしています。
立花佳恵

文例62

義父へのお見舞い

●妻が病気 ●手紙 ●40代男性→70代男性

●おたよりの理由　義理の母が入院し、重病だとわかったため、義理の父へお見舞いの手紙を送ります。

お父さん、今朝は、お母さんの検査結果を知らせてくださり、ありがとうございました。

いつも元気いっぱいのお母さんが病気とは、なんだか信じられない思いです。

小百合もとても心配しており、**❶手術の日程に合わせて明後日から仕事を休み、そちらにうかがう手配をしております。**
❷病状は深刻なようですが、お母さんのことですから、きっと病気を克服してくれると信じています。ご心配でしょうが、お母さんのためにも、お父さんはどっしり構えていてください。
❸病院との往復は大変でしょうから、あまりご無理をなさいませんように。
私たちもできる限りお手伝いしますので、お父さんもちゃんと休息をとり、体をいたわってください。

香奈子の学校の都合もあり、私がお伺いするのは土曜日になります。こちらから持参するものなどがあれば、遠慮なくおっしゃってください。

まずは取り急ぎ、お見舞いまで。

書き方のコツ

❶お見舞いの予定
お見舞いや手伝いに行く場合は、いつ、だれが行くのかを伝えておきます。

❷病状について
身内であれば、病状などについてある程度ストレートに書いてもよいでしょう。ただし、読み手に不快感や不安を与えないよう、気配りは必要です。

❸看病する人への気づかいを示す
病気の人を心配するだけでなく、手紙の読み手である看病する人への気遣いを示すことも大切です。

文例
63

友人へのお見舞い

●妻が病気 ●手紙 ●50代男性⬇50代男性

前略　先週から奥様が入院されていると聞き、とても心配しています。

❶知らずにいたとはいえ、岸田くんが大変なときに、同窓会に誘う電話などしてしまい、本当に申し訳ない。

まだ10日ほどは入院が必要とのこと。仕事をしながらの慣れない看病は大変だろうけれど、愛妻家の岸田くんのことだから、奥様のために毎日頑張っていることと思います。

❷でも、そろそろ看病疲れが出るころなので、自分の体のメンテナンスも忘れないでください。奥様に元気を出してもらうためには、まず岸田くんが元気でいなければ！

❸僕で役に立てそうなことがあれば、いつでも声をかけてください。たいしたことはできないけれど、気分転換のための話相手ぐらいにはなら、なれると思います。

奥様のご回復を、心よりお祈りします。

取り急ぎ、書中にてお見舞い申し上げます。

草々

●おたよりの理由　妻が入院中であることを知らせてきた友人に、励ましの手紙を送ります。

書き方のコツ

❶事情を知った時期

お見舞いの手紙は、事情を知ったらすぐにだすのがマナー。入院してから時間がたっている場合、「これまで知らずにいた」ことを書き添えておくとよいでしょう。

❷大げさに書き過ぎない

心配や同情の気持ちは、あえて淡々と。大げさに書き過ぎると、読み手に不快感を与えることがあるので注意します。

❸相手を気にかけていることを伝える

看病などで大変な思いをしているとき、だれかに気にかけてもらえることは、大きな救いになります。

文例 64

家族ぐるみでつき合いのある友人へのお見舞い

●妻が病気　●手紙　●40代男性→40代男性

前略　先ほど理絵から、恵さんが入院されたことを聞きました。

風邪から起こった胃腸炎とのことですが、その後、お加減はいかがですか？

①**恵さんは、仕事に子育てにサークル活動に、いつもフル回転しているから、自分でも気づかないうちに疲れがたまっていたのかもしれませんね。**この機会に、ゆっくり休んでもらってください。

大田さんも、毎日の看病で疲れてきたころでしょう。②**料理・洗濯・掃除も完璧にこなしてしまう大田さんですが、私たち中年に、無理は禁物です。こんなときはほどよく手を抜き、体を休める時間も確保してください。**

③**それから、うちの沙織が、佳奈ちゃんと遊びたがっています。差し支えなければ、土曜～日曜日、佳奈ちゃんは我が家に泊まりに来ませんか？**　あらためてご連絡しますので、ご都合を教えてください。

土曜日には、理絵といっしょにお見舞いに伺います。恵さんもそろそろ退屈しているころだと思うので、差し入れに本とCDをもっていきます。

恵さん、どうぞお大事に。

草々

●**おたよりの理由**　家族ぐるみでつき合いのある友人の妻が入院。お見舞いと励ましの手紙を送ります。

書き方のコツ

①夫婦の両方と親しい場合

夫婦のどちらとも親しくしている場合、読み手だけでなく、病気の人についても心配し、思いやる気持ちをきちんと示します。

②状況に応じてくだけた表現も

夫婦の両方と親しく、病状が深刻でないこともわかっている場合は、ある程度くだけた書き方をしてもよいでしょう。

③支援の申し出はさりげなく

支援を申し出る場合、具体的な提案をしたほうが、相手は受け入れやすいもの。また、恩着せがましくならないよう、表現も工夫しましょう。

文例
65

取引先の社長へのお見舞い

●妻が病気　●手紙　●50代男性→50代男性

前略　昨日、①A社の伊藤さんにお会いした際、北山社長の奥様が入院なさっていることを伺いました。先週、御社におじゃました際に奥様の元気なお顔を拝見したばかりですので、たいへん驚いております。

仕事上のパートナーでもあり、いつもごいっしょに過ごされていた奥様ですから、北山社長も、さぞご心配のことでしょう。奥様も何かと気にかかることがおありでしょうが、今はお体を治すことを第一に、ゆっくり静養していただいてください。

年度末は業界の繁忙期ですので、北山社長も、お仕事と看病で忙しく過ごしていらっしゃることと思います。お疲れから体調をくずされないよう、どうかご自分のお体にもお気をつけください。

②かえってご迷惑でしょうから、お見舞いは控えさせていただきますが、弊社デザイン部一同、一日も早い奥様のご回復と職場復帰をお祈りしております。

略儀ではありますが、書中をもちましてお見舞いを申し上げます。

草々

●おたよりの理由　妻が入院していることを人づてに聞いた取引先の社長に、お見舞いの手紙を送ります。

書き方のコツ

①病名などには触れない
第三者から聞いた場合は、たとえ知っていても、病名などには触れないようにします。病気はデリケートな話題なので、本人の知らないところでうわさ話をされているような印象を与えないよう、気をつけましょう。

②お見舞いを控える場合
お見舞いに行くかどうかは、相手との関係や親しさの度合いを考えて決めます。お見舞いは、受ける側にとって負担にもなるので、注意が必要です。

文例
66

●妻が病気 ●手紙 ●50代女性→50代男性

重病の友人の家族への病気見舞い

●おたよりの理由　友人が重い病気で入院中のため、家族宛てにお見舞いの手紙を送ります。

前略ごめんください。

千佳子さんの友人の下田春恵と申します。千佳子さんとはA大学の同級生で、それ以来親しくさせていただいております。

❶**昨日、千佳子さんの妹さんよりお電話をいただき、ご病気で入院されたことを伺いました。**❷**ご家族以外は面会できず、また、今は手紙を読むのも難しいとのことでしたので、ご主人様宛てとさせていただきました。**

❸**手術は成功したけれど、回復には時間がかかるかもしれないと伺い、とても心配しております。**今はただ、一日も早くお元気になられることを祈るばかりです。千佳子さんの病状が落ち着かれたら、私がいつも応援していることをお伝えください。

ご主人様も、看病でお疲れのことと思います。体調を崩されませんよう、ご自愛ください。

千佳子さんのご回復を、心よりお祈り申し上げます。

かしこ

書き方のコツ

❶**事情を知った経緯**
手紙の読み手と面識がない場合、病気のことを知った経緯を書いておくとよいでしょう。

❷**家族宛てに出す場合**
本人の病状が重く、手紙を読むことが難しい場合は、家族宛てにお見舞いの手紙を出します。

❸**あれこれ聞き過ぎない**
友人を心配する気持ちから、病状などを知りたくなりますが、詳細を尋ねるのは避けましょう。家族にとっては、病気について話すのが辛いこともあるからです。

●妻が病気 ●メール ●30代男性→30代男性

文例67

同僚へのお見舞い

●おたよりの理由　妻が入院中で、子どもの世話などに苦労している同僚を励まします。

谷崎恵一様
奥様の入院のこと、先ほど聞いてびっくりしました。
順調に回復しているとのことでひと安心だけれど、
谷崎くんは、しばらく大変そうだね。
看病と仕事の両立だけでも難しいのに、
瑞樹ちゃんの送り迎えからお弁当づくりまでこなすとは、
本当に「すごい」としか言いようがない……。
でも、頑張るのも、体をこわさない程度にしてください。
先ほど話に出たように、フレックス勤務制度を
利用したらどうかな。
こうしたことはお互い様なのだから、
仕事でもプライベートでもあまりひとりで抱え込まず、
僕にできることがあったら手伝わせてください。
奥様が、一日も早く退院できますように。
遠山肇

●妻が病気 ●メール ●50代男性→50代男性

文例68

友人へのメール

●おたよりの理由　妻の急な入院で予定をキャンセルした友人に、お見舞いのメールを送ります。

柴田信二様
寛子さんのお加減は、いかがですか？
さっきは、急な電話でびっくりしました。
でも、いろいろと大変な中、状況の報告まで
してくれてありがとう。
急病と聞いて心配していたけれど、
無事に治療が済んだようで安心しました。
これから1週間の入院中は、寛子さんに
ゆっくり休養してもらってください。
看病で忙しくなるだろうから、
柴田君も体に気をつけて。
寛子さんが完治して体力と食欲が戻ったら、
あらためてすき焼きパーティをしよう。
そのときを楽しみにしています。
江口幸太郎

文例69

友人へのお見舞い

●親が病気 ●手紙 ●20代男性→20代男性

前略　お父様のことを伺い、本当に驚きました。

僕の頭にパッと浮かぶのは、リトルリーグのコーチをしてくれた「河合のおじさん」。体が大きくて、子どもといっしょに楽しそうに走り回っていた姿です。いつも元気だった河合のおじさんが倒れたなんて、まだ信じられません。

しばらく様子を見てから治療方針を決めるとのことだけれど、❶**入院先の県立病院は循環器系の治療で有名なところだから、きっと最善の治療法を提案してくれるはずです。**

健太くんには不安や気がかりも多いだろうけれど、医師とおじさんを信じて、回復を待ちましょう。

❷**おじさんのことはもちろん、健太くんやご家族のことも心配です。**看病づかれで体調を崩さないよう、自分の体にもきちんと気を配ってください。

❸**入院直後の今は何かと忙しいでしょうから、少し落ち着かれた頃、お見舞いに伺わせてください。**おじさんの回復を、心よりお祈り申し上げます。

草々

●おたよりの理由　父親が入院したことを知らせてきた幼なじみに、お見舞いと励ましの手紙を送ります。

書き方のコツ

❶よいことははっきり伝える
病院の評判がよいことなど、相手にとってプラスになる情報は具体的に伝えます。

❷看病する側への気遣い
手紙の相手やその家族など、看病する人たちへの気遣いを示すことも大切です。

❸お見舞いの予定
一方的に行きたい日を伝えるより、まずはお見舞いに行きたいことを知らせておき、後日、あらためて先方の都合を聞いてから訪ねる日を決めるのがベストです。

文例70

友人へのお見舞い

●親が病気 ●手紙 ●40代女性→40代女性

前略ごめんくださ
い。

昨日、母から連絡があり、しばらく前から佳代さんのお母様が入院されていることを聞きました。**①その後、お加減はいかがですか？**

②母は、佳代さんのお母様とずっと親しくさせていただいていたので、とても心配していました。 入院先の中央病院は、病院側のルールで、家族しか面会が認められないいんですってね。佳代さんがお見舞いに行かれたら、母がさびしがっていること、母も私も回復をお祈りしていることをお伝えください。

佳代さんも、お仕事と看病でお疲れでしょう。遠方のため、お手伝いできることは限られてしまいますが、少しでも佳代さんの力になれたらうれしいです。私にできることがあれば、遠慮なく言ってくださいね。

ささやかですが、お見舞いを同封させていただきますので、お納めください。

ゴールデンウィークには帰省する予定です。実家に戻ったら連絡しますので、**③お時間があれば、気分転換にお茶でも飲みに行きましょう。**

取り急ぎ、書中をもちましてお見舞い申し上げます。

かしこ

●おたよりの理由　入院した友人の母親の病名・病状等がわからない状況で、お見舞いの手紙を送ります。

書き方のコツ

①病状などを尋ねない

病名や病状を知りたい場合も、直接尋ねるのはマナー違反。病状などを、だれにどの程度知らせるかは、本人や家族が判断することです。お見舞いの手紙は、心配している気持ちなどを伝えるだけにしておきます。

②病状がわからない場合

軽い病気か、深刻な病気かもわからない場合は、あまり具体的なことを書かず、一般的な内容でまとめたほうがよいでしょう。

③看護している人を気づかう

親しい友人なら、会って話をするだけでも気分転換になり、看護の疲れを癒すことができます。

文例71

認知症の親の介護をしている友人への手紙

●親が病気 ●手紙 ●50代女性→50代女性

美咲さん、今日はお父様のことを話してくれて、どうもありがとう。最近、お料理教室をお休みすることが多いから、少し心配していたの。

❶お父様の介護、本当に大変ですね。体力も必要でしょうし、精神的に疲れることも多いでしょう。

❷私も短期間だけ母の介護をしたのですが、そのときのケアマネさんから、「まじめにやりすぎないことが大切」と言われました。介護を楽にするコツは、完璧な介護者をめざして頑張るのをやめ、人の手を借りることなんですって。

❸介護疲れで美咲さんまで体調を崩してしまったら大変なので、ひとりで介護を抱え込まないでくださいね。

近所に住んでいるのですから、私にも手助けさせてください。ちょっとしたお買いものや病院の送迎、ポチのお散歩、ストレス解消のおしゃべりなど、できることもあると思うの。いつでも、遠慮なく声をかけてね。

お父様の体調が、少しでもよくなられますように。

かしこ

●おたよりの理由　在宅で認知症の親を介護している友人に、励ましの手紙を送ります。

書き方のコツ

❶病名などは書かないほうがよいことも

命にかかわるような重病や認知症などは、家族のショックも大きいもの。本人や身内から聞いている場合でも、病名は書かないほうがよいでしょう。

❷上から目線にならないように

同様の経験がある場合、そのことについて書くのは構いませんが、押しつけがましい印象を与えないように注意します。

❸おもに介護者を励ます

一般的な認知症は、完治が望めない病気。「病気が治る」ことには触れず、介護者を励ます内容を中心にしましょう。

文例 72

義母の看護をしている姉へのお見舞い

●親が病気 ●手紙 ●40代女性→50代女性

●おたよりの理由　義理の母の病気をきっかけに、夫の両親と同居を始めた姉に、励ましの手紙を送ります。

仁美姉さん、その後、お母様のお加減はいかがですか？

引っ越してそろそろ1カ月だけれど、埼玉の住み心地はどう？

夫婦ふたり暮らしから、突然、信二さんのご実家暮らしにかわったのだから、いろいろと勝手が違うこともあるでしょう。
❶お母さんが入院中の病院に通うだけでも大変なのに、家にはお父様もいるから、家事も手を抜けないよね？　慣れない土地で頑張っている仁美姉さんは、本当にえらい！　と思います。
この前、うちのお父さんに、信二さんのお父様から電話があったんだって。❷同居を喜んでいて、仁美姉さんのこともすごくほめていたらしいよ。

仁美姉さんが頑張っていること、ちゃんと伝わっているみたいね。
❸ストレスがたまったり、疲れたりしたときは連絡して！　電車で1時間弱の距離なんだから、いつでも駆けつけます。私にならいくらでも、思いきりグチをこぼしていいからね。
仁美姉さんのパワーで、お母様が少しでも元気になりますように！

書き方のコツ

❶共感を示す
大変な思いをしているときは、身近な人に共感してもらうだけで気が楽になることがあります。

❷がんばりを認める
自分の努力や苦労を認めてもらうことは、看護する側にとって何よりもうれしいことです。

❸明るい調子でまとめる
相手が辛いだろうからと深刻な文面にしてしまうと、気持ちがさらに落ち込むことも。適度に明るいトーンでまとめることを心がけます。

文例
73

介護のために休職する先輩へのお見舞い

●親が病気 ●手紙 ●40代女性⬇50代女性

●おたよりの理由　親の介護のために休職することを知らせてきた先輩に、お見舞いと励ましの手紙を送ります。

秋田さん、今日はご連絡をありがとうございました。

お母様の介護のために休職されると伺い、驚き半分、さびしさ半分、という気持ちです。

月末には、ご実家のある長崎に戻られるとのこと。生活が大きくかわるため、ご苦労もあるでしょうけれど、❶**秋田さんが近くにいれば、お母様のリハビリもきっとはかどりますね。**

お母様が全快する日が一日も早く来ることをお祈りいたします。
❷**秋田さんがいない3カ月間は、仕事の面でかなり不安なのですが、**広報チーム一丸となって乗りきろうと思います。休職中はお仕事の心配を忘れて、親孝行なさってください。でも、❸**3カ月後には、絶対に戻ってきてくださいね。**
介護と家事で、これまでとは違う忙しさが続くでしょうが、あまり無理をなさらず、ご自分のお体にも気をつけてください。

お母様、どうかお大事に。秋田さんが会社に戻ってくる日を、今から楽しみにしています。

書き方のコツ

❶**プラス面に注目する**
休職は、迷ったうえでの選択であることがほとんど。他人がプラスの面を指摘することは、本人の気持ちを慰めることにもつながります。

❷**必要とされていることを伝える**
たとえ善意からでも、「いなくても大丈夫」と思わせるような書き方は、相手の気持ちを傷つけてしまいます。

❸**戻って来てほしい気持ちを伝える**
周囲から「職場復帰を待っている」と言われることは、本人の仕事への意欲をつなぎとめるきっかけになります。

●親が病気　●メール　●50代男性→30代男性

文例74　親の急病で会社を早退した部下へのメール

●おたよりの理由　親の急病の連絡を受けて会社を早退した部下に、お見舞いのメールを送ります。

松村祐一様
昨日は突然のことで驚いたけれど、
無事にご実家に着きましたか。
その後、お父様のお加減はいかがでしょうか。
松村くんからの夕方のメールだと
ひとまず容体は落ち着かれているようですが、
数日間、そちらに滞在したほうがよいでしょう。
東京と広島では、ちょくちょく行き来するのは
難しいので、しばらくご両親の側にいて
安心させてあげてください。
仕事のことは、気にしなくて大丈夫。
こういうことはお互い様なのだから、
今はご家族のことを最優先してください。
お父様のご回復を、心よりお祈りいたします。
萩本茂

●親が病気　●メール　●30代女性→30代女性

文例75　親が入院した同僚へのメール

●おたよりの理由　母親が入院して落ち込んでいる同僚へ、励ましのメールを送ります。

堀田順子様
お母様の急な入院、本当に大変ですね。
ごいっしょに暮らしていたこともあり、
順子さんのご心配も大きいことでしょう。
入院中は、お母様も心細いでしょうから、
しっかり支えてあげてください。
でも、お母様に元気を出していただくためには、
まず順子さんが元気を出さなくては！
治療のほうはお医者様に任せて、家族は、いつものように
近くにいるだけで、お母様の力になれるんじゃない？
明日、いっしょにランチをしませんか？
順子さんが大好きな激辛カレーを食べて、
元気を出しましょう！
川崎知美

文例
76

義理の姉へのお見舞い

●子どもが病気 ●手紙 ●30代女性➡30代女性

母からの電話で、勇人君のことを聞きました。

①**ぜんそくの発作が激しく、中央病院に運ばれたとのことですが**、その後、体調は落ち着きましたか？

勇人君はまだ4歳だから、激しい運動をすると発作が起こることがある、というのがピンと来ないのかもしれませんね。

遊びたい盛りだから、「走っちゃダメ！」と言うのもかわいそうだし……。そばで見ているお姉さんは、さぞご心配でしょう。

今回は1週間の入院とのことですが、②**勇人君にとって入院中は、ママをひとりじめするチャンスですよね。付き添いはたいへんでしょうが、思いきり甘えさせてあげてください。**

③**病院ではお姉さんがちゃんと食事をすることができないでしょうから、火曜～木曜はお姉さん用のお弁当を差し入れますね。**お肉系、お魚系など、おかずのリクエストがあれば言ってください。

勇人君に「早く元気になってね」と、お伝えください。

●**おたよりの理由**　ぜんそくもちの甥が数回目の短期入院。義理の姉宛てにお見舞いの手紙を送ります。

書き方のコツ

①**病状について**
事情をよく知っている身内の場合は、病名や病状について、ある程度ストレートに書いてもよいでしょう。

②**前向きな視点で**
入院したからと深刻になりすぎると、本人や家族がよけい辛くなることも。よい点にも注目し、明るいトーンでまとめます。

③**相手がしてほしい手助けを**
看病する人にとっていちばんありがたいのは、「自分が求めていることをしてもらうこと」。ただ心配するより、看病している人の手助けになることを考えたほうが喜ばれます。

文例77

友人へのお見舞い

●子どもが病気 ●手紙 ●40代女性→40代女性

前略　上田さんから、①春菜ちゃんが入院中と聞き、びっくりしています。雅代さんもご心配のことでしょう。

②毎日、病院で付き添っているんですってね。春菜ちゃんも、お母さんといっしょに過ごせれば、病院での生活も心細くないでしょう。

明るい春菜ちゃんは幼稚園の人気者だから、園のお友だちや先生方もさびしがっていると思います。まずはしっかり病気を治して、早く幼稚園に通えるようになるといいですね。

病院と家の往復で、雅代さんもお疲れのことと思います。風邪の季節でもあるので、どうぞご自愛ください。

③何かとお忙しいでしょうから、お見舞いは控えさせていただきますが、ささやかなお見舞いの品を同封します。春菜ちゃんはお絵描きが好きなので、塗り絵のセットを選んでみました。気に入ってもらえるといいのだけれど……。

春菜ちゃんの一日も早い回復をお祈りいたします。

かしこ

●おたよりの理由　子どもが入院しているけれど、病名や病状はわからない友人にお見舞いの手紙を送ります。

書き方のコツ

①病状について

病名や病状が不明の場合は相手に尋ねたりせず、入院の理由については、あまり踏み込まないようにしたほうがよいでしょう。

②看病する人の努力を認める

子どものためとはいえ、看病は大変なものです。看病する人の努力を認め、ねぎらうことを忘れずに。

③お見舞いの予定

お見舞いに行かない場合はその旨を書いておきます。来る、来ない、がはっきりわかったほうが、相手は助かります。

文例
78

先輩へのお見舞い

●子どもが病気 ●手紙 ●50代男性→60代男性

前略　その後、ご子息のお加減はいかがですか。
先日のお話では、❶**退院はまだしばらく先になりそうとのこと。**私も江美も心配しております。
❷**ご子息はご結婚されたばかりとのことですから、ご両親はもちろん、ご子息の奥様のご心配は並大抵ではないことと存じます。おつらいでしょうが、今はご子息の力と医師を信じてご加療なさってください。**私どもも、ご子息が必ずお元気になられることを信じております。
❸**石川さんをはじめ、ご家族の皆様も、看病のお疲れが出てくる頃かと存じます。くれぐれもお体をおいといください。**
かえってご負担になると思いますので、お見舞いは控えさせていただきますが、私どもにお手伝いできることがあれば、何でもお申しつけください。

ご子息のご回復を、心よりお祈りしております。

略儀ではありますが、書中をもちましてお見舞いを申し上げます。

草々

●おたよりの理由　入院中の子どもの病状が思わしくない夫婦共通の友人へ、励ましの手紙を送ります。

書き方のコツ

❶**病状が思わしくない場合**
深刻な病気だったり、経過が順調ではなかったりする場合、ストレートに書くと相手を傷つけかねません。状況や相手に合わせて表現を工夫しましょう。

❷**家族への同情を示す**
看病している家族の気持ちを思いやることが大切。ただし、大げさに書き過ぎるとしらじらしい印象を与えかねないので注意します。

❸**看病している家族をねぎらう**
病気の人本人ではなく家族宛てに手紙を出す場合、看護する人へのねぎらいのことばを忘れずに。

●子どもが病気　●メール　●50代男性⇒30代女性

文例79　子どもの発熱で早退した部下へのメール

●おたよりの理由　子どもの発熱で仕事を早退した部下からの状況報告のメールに返信します。

原本愛子様
お疲れ様です。
原本さん、今日は大変でしたね。
連絡が来たときは心配しましたが、
流行中のヘルパンギーナでしたか。
幸太くんは熱でつらいでしょうが、
発熱の原因が夏かぜとわかれば、ひと安心ですね。
お母さんとしては心配でしょうが、
熱は2～3日で下がることが多いといいます。
治るまでしっかり看病してあげてください。
原本さんは、いつもチーム内できちんと
情報共有してくれているので、仕事のほうは大丈夫。
佐藤さん、石井くんがフォローしてくれるので、
安心してお休みしてください。幸太くん、お大事に。
藤田昇

●子どもが病気　●メール　●40代女性⇒40代女性

文例80　幼稚園を休んでいる子どもの母親に送るメール

●おたよりの理由　インフルエンザで幼稚園を休んだ子の母親にお見舞いのメールを送ります。

島田亮子様
絵里香から、奈々ちゃんがインフルエンザで
幼稚園をお休みしていると聞きました。
高熱が出る病気だから、亮子さんもご心配でしょう。
しばらくは看病で大変ですよね。
何日かは夜も眠れないかもしれないけれど、
無理をし過ぎないようにしてね。
私にできることがあればお手伝いするので、
遠慮なく言ってください。
絵里香は、仲よしの奈々ちゃんがお休みしているのを
とてもさびしがっています。
さっき、お見舞いの絵とお手紙を書いていたので、
スキャンしたものを添付しますね。
奈々ちゃんが、早く元気になりますように。
斎藤利恵子

家族からの礼状の書き方

家族から礼状を出す場合

お見舞いに対して家族から礼状を出すのは、本人が礼状を書けないために代筆する場合、手紙の差出人は病気になった人と面識がなく、おもに看病をしている自分を見舞うために手紙などをもらった場合、まだ自分で手紙を書くことができない幼い子どもへのお見舞いをもらった場合、などが考えられます。

病状がわからないために、病気の人の友人・知人などから家族宛てにお見舞いの手紙が送られてくることもありますが、本人が回復している場合は、本人が礼状を出すのが一般的です。

家族からの礼状も急がなくてよい

本人からの礼状(70ページ参照)と同様、家族が礼状を出す場合も、急ぐ必要はありません。多少時間がかかっても、病状が落ち着いてから出すようにしましょう。今後の見通しが立たないうちにあわてて返事を書いても、相手を心配させてしまうことがあるからです。

快気祝いに礼状を添える形にする場合、手紙は家族(手紙を書いた人)を差出人としますが、快気祝いの品につける「のし」には、回復した本人の姓または姓名を入れます。

お見舞いへの感謝と経過などを伝える

家族からの礼状では、お見舞いへのお礼に加え、病気の経過も伝えます。家族が代筆する場合、病状についてまったく書かれていないと心配が増すもの。こと細かに書く必要はありませんが、現在の状況や今後の見通しなどについて、簡単に触れておくようにしましょう。

文例 81

● 配偶者から ● 手紙 ● 40代女性 ➡ 50代女性

お見舞いをいただいた職場の先輩への礼状

● おたよりの理由　夫の入院を知ってお見舞いの品を贈ってくれた職場の先輩に、お礼の手紙を送ります。

❶秋晴れのさわやかな日が続いております。❷篠崎さんにはいつもいろいろとお世話になり、本当に感謝しております。

夫の入院に際しましては、ごていねいにお見舞いの品までお贈りいただき、どうもありがとうございます。

ご心配をおかけしましたが、手術は無事に済み、その後も順調に回復しております。もともと丈夫な体質なのが幸いし、お医者様からも、退院が早まることもあると言われております。

❸ここ数週間は、篠崎さんをはじめ、職場の皆さんにたいへんなご迷惑をおかけしてしまい、本当に申し訳ありませんでした。こまめに病院へ通うことができたのも、皆さんに助けていただいたおかげです。

夫の退院後は、通常勤務に戻ります。ご迷惑をかけた分をとり返せるように頑張りますので、今後ともよろしくお願いいたします。

まずは、書中をもちましてお礼を申し上げます。

かしこ

書き方のコツ

❶時候のあいさつから書き始める

書き手が女性の場合、頭語を省略し、時候のあいさつから書き始めても構いません。

❷お世話になっているお礼

普段、身近にいる相手に対しては、安否を尋ねるあいさつより、お世話になっていることへのお礼などを述べたほうが自然です。

❸迷惑をかけたことへの謝罪

仕事関係者に対しては、業務上、迷惑をかけたことを詫びることばを書き添えます。

文例
82

同僚への礼状

●配偶者から ●手紙 ●50代男性→50代男性

❶拝啓　早春の候、お忙しい毎日だとは思いますが、お元気でお過ごしのようで安心しました。

❷このたびは、妻の病気に際してお見舞いの手紙をいただき、本当にありがとう。

❸ご心配をおかけしましたが、幸い症状が軽く、3月10日、無事に退院することができました。

突然のことだったため、一時はとても不安になりましたが、下田さんの励ましのことばで、自分がしっかりしなければ、と気づかされました。

また、日ごろ、どれだけ妻に頼っていたのか、あらためて思い知らされました。これを機に、下田さんを見習って、もっと妻の手助けができるようになろうと決心しました。

職場が離れているとなかなか会う機会がないけれど、次の関西出張のときには必ず連絡します。今回のお礼に、一杯ごちそうさせてください。

とり急ぎ、退院のご報告とお礼のごあいさつまで。

敬具

●おたよりの理由　妻の入院を知ってお見舞いの手紙をくれた同僚に、お礼の手紙を送ります。

書き方のコツ

❶**前文は省略しない**
お見舞いの手紙は「急いで書いた」ことを伝えるために前文を省略しますが、礼状は一般的な手紙の形式に従って書きます。

❷**お見舞いへのお礼**
礼状の第一の目的は、相手の気配りへの感謝を伝えること。まずはお見舞いへのお礼を述べます。

❸**退院などの報告**
退院や回復の様子といった相手を安心させる情報については、具体的に書いておきましょう。

●配偶者から●メール●40代女性→40代女性

文例83 友人へのお礼のメール

●おたよりの理由　夫の病気を知ってお見舞いのメールを送ってくれた友人に、お礼の返信をします。

木下麻子様
麻子さん、メールをどうもありがとう。
このたびは、お騒がせしてごめんなさい。
慌てて「夫が入院した」とだけ連絡してしまったので
ご心配をかけたけれど、
夫は急性の虫垂炎で、昨日、無事に手術も済みました。
本人もいたって元気で、
早くも「退院したら焼き肉を食べに行こう」
などと言っています。
体調が落ち着いたら、麻子さん・大輔さんご夫婦宛てに
本人からメールをさせますね。
1週間で退院の予定なので、来月あたり、また集まりましょう。
大輔さんにもよろしくお伝えください。
神山佳子

●保護者から●メール●40代男性→20代女性

文例84 保育園の先生へのお礼のメール

●おたよりの理由　子どもの病気を心配してメールを送ってくれた保育園の先生に、お礼の返信をします。

遠山和江先生
このたびは、健太の体調不良で
ご心配をおかけし、申し訳ありません。
急なことでびっくりしましたが、
かかりつけの病院で診察をうけたところ、
かぜの症状がおなかに出たとのことです。
薬をのみ、今はすっかり落ち着いています。
お騒がせしてしまいましたが、
先生が適切なケアと連絡をしてくださったおかげで
病院での検査などもたいへんスムーズでした。
本当にありがとうございました。
数日は自宅で様子を見ようと思いますが、
来週からは、またお世話になります。
今後ともよろしくお願いいたします。
矢野雅夫

文例85

義理の兄への礼状

●子から ●手紙 ●50代男性→50代男性

●おたよりの理由　父の入院を知ってお見舞いの手紙をくれた義理の兄に、お礼の手紙を送ります。

❶祐一兄さん、お見舞いの手紙をいただきました。

先日、お電話したときは、入院直後でバタバタしていたのですが、今は少し落ち着きました。

❷検査の結果、やはり手術が必要とのこと。でも、現在の体調は安定していますし、祐一兄さんや智子姉さんもそれほど仕事を休めないでしょうから、手術の日程に合わせてこちらに来ていただくのがよいのではないかと思います。

❸父に、兄さんたちが「すぐに駆けつける」と言ってくれたことを伝えたところ、「大げさなことをするな！」と、笑いながら怒っていました。

本人がこの調子ですので、お見舞いは今すぐでなくても大丈夫そうです。手術日などが決まりましたらすぐにお知らせしますので、その後、日程などをご相談しましょう。

ご心配をおかけしてしまいましたが、病状もそれほど深刻ではないようですので、ひとまずご安心を。

智子姉さんにもよろしくお伝えください。

書き方のコツ

❶相手に応じて前文を省略しても

親しい相手であれば、時候のあいさつなどの前文を省略しても構いません。

❷病状の報告

家族に宛てる場合は、病状などは具体的に伝えたほうがよいでしょう。

❸本人の様子

本人が元気にしている場合や、順調に回復している場合、その様子を具体的に伝えることで相手に安心してもらうことができます。

文例 86

●子から ●手紙 ●40代男性→70代男性

父の取引先への礼状の代筆

拝啓　新緑の候　北山様にはますますご清祥のこととお喜び申し上げます。
父健一郎の入院に際しまして、ごていねいにお見舞い状をいただき、深く感謝しております。
❶**病状は一進一退をくり返しておりますが、**父も、一日も早く病気を克服しようと頑張っております。
北山様の温かい気持ちが込もったおことばには、父はもちろん、私たち家族も励まされております。

このたびは急な入院だったこともあり、日ごろからお世話になっている北山様には大変ご迷惑をおかけしたことと存じます。❷**父になりかわりましてお詫びを申し上げます。**
❸**季節外れの暑さが続いておりますので、北山様も体調など崩されぬようご自愛ください。**
まずは書中にて、お礼を申し上げます。
敬具

●おたよりの理由　お見舞いの手紙をくれた取引先の社長へ、父親にかわってお礼の手紙を送ります。

書き方のコツ

❶**病状の報告は簡潔に**
経過が思わしくない場合はとくに、病状は簡潔にまとめます。具体的な病名などには触れなくて構いません。

❷**代筆する場合**
「○○になりかわりまして～」は、代筆する場合の慣用表現。

❸**相手の健康を気遣う**
あらたまった手紙の場合、相手の健康を祈ることばなどを添えるのもマナーです。

文例87

友人への礼状

●子から ●手紙 ●50代女性→50代女性

幸恵さん、お手紙をどうもありがとう。

このたびは母のことでご心配をかけてしまったようで、ごめんなさい。

❶**返事が遅くなってしまったけれど、**❷**母は8月に倒れ、中央病院に入院していたの。先月末には退院できたのだけれど、まだリハビリが必要な状態です。日中、ひとりで過ごすのも不自由なので、しばらくは私が休職し、自宅で介護をすることにしました。**

この先どうなるか、まだわからないことも多いのだけれど、母は前向きにリハビリを続けているので、私も頑張らなければと思っています。

介護は初めてなので、正直、不安もあります。今はまだバタバタしているけれど、❸**この生活に少し慣れたら、あらためて連絡します。お時間があるときに、お茶か食事でも、付き合ってもらえたらうれしいです。**

いつも、私や母のことを気にかけてくれる幸恵さんには、本当に感謝しています。いつも頼ってばかりだけれど、これからもかわらずお付き合いください。

とり急ぎ、退院のご報告とお礼まで。

かしこ

●**おたよりの理由**　親の病気を知ってお見舞いの手紙をくれた友人に、お礼を伝え、現状報告をします。

書き方のコツ

❶**礼状は急がなくてよい**

お見舞いの礼状は、急いで出さなくて構いません。病状が落ち着く、退院するなど、ある程度先の見通しがたつまで待ってから出しても失礼ではありません。

❷**病状を伝える**

お見舞いに来られない相手は病状を心配していることが多いので、可能な範囲で病状や経過を伝えましょう。

❸**相手を安心させる**

深刻な状況であっても悩みやつらさばかりを書くのではなく、明るいひと言も添える努力を。相手に過剰な心配をかけないための心配りも必要です。

●子から ●メール ●50代女性→40代男性

文例88 弟へのお礼のメール

●おたよりの理由　母の軽い病気を心配してメールを送ってきた弟に、お礼と病状報告をします。

坂口卓也様
卓也、メールをありがとう。
今、お母さんといっしょに病院から戻ってきたところです。
今日は熱も下がり、お母さんは病院に
行きたがらなかったんだけど、
念のために診察を受けてきたの。
血液検査もしてもらったけれど、とくに異常なし。
先生は、軽い風邪だろう、って。
深刻な病気じゃなくてよかった。
元気もあって、食事もしっかりとれているから、
2～3日で起きられるようになりそうです。
来月の旅行も、お母さんは行く気満々。
この調子なら、スケジュール変更も必要ないと思うよ。
心配してくれて、どうもありがとう。
水沢久恵

●親から ●メール ●40代女性→40代女性

文例89 姉へのお礼のメール

●おたよりの理由　子どもの病気を心配してくれた姉に、お礼と回復を伝えるメールを送ります。

大谷美津子様
美津子姉さん、返信が遅れてごめんね。
亜季の高熱、やっぱり中耳炎が原因でした。
急に熱を出したから、この前の風邪が
ぶり返したのかと思ったけれど、
姉さんに勧められたとおり耳鼻科に行ってみたら、
すぐに中耳炎だってわかったの。
姉さんに相談してみてよかった！
本当にどうもありがとう。
亜季はまだ熱が下がらなくて機嫌が悪いけど、
原因がわかったら、なんだか気が楽になりました。
薬ももらったし、何日かで楽になるみたいだから
もう心配しないでね。
亜季が元気になったら、電話します。
杉田優子

文例 90

友人への礼状

●親から ●手紙 ●40代女性➡40代女性

真夏の暑さが続いていますが、お元気にお過ごしのことと思います。

先日は、将太の入院に際して、ごていねいなお見舞いをいただき、どうもありがとうございました。

おかげ様で順調に回復し、8月16日、無事に退院することができました。

入院中は、お忙しい中、何度も病院へ足を運んでいただき、感謝しています。
❶大好きな明彦くんが会いに来てくれることは将太にとって、大イベントだったようです。早く明彦くんと遊べるようになりたい、という気持ちが、病気を治そうという前向きな気持ちにもつながったのだと思います。
❷2学期からは皆といっしょに学校に通えますので、これまで通り、明彦くんにも仲よくしてもらえたらうれしいです。
❸これまでの感謝を込めて、心ばかりの品を同封させていただきますので、お納めください。
厳しい残暑が続きますが、夏バテなどなさらないようご自愛ください。

まずは、書中をもちまして退院のご報告とお礼を申し上げます。

●おたよりの理由　子どもが入院した際、お見舞い金をもらった友人に、快気祝に添えて礼状を送ります。

書き方のコツ

❶感謝の気持ちを伝える
お見舞いや気づかいに対する感謝は、ストレートに伝えます。具体的なエピソードにからめると、気持ちが伝わりやすいでしょう。

❷退院後の予定
復学・復職の予定などがわかっている場合は、具体的に伝えます。

❸快気祝に添える場合
お見舞いへの礼状は、快気祝に添えても構いません。お祝いの品を別便で送る場合は、礼状が先に着くようにし、品物を送ったことを知らせておきます。

第4章

事故や災害を見舞う文例

事故や災害の見舞状の書き方

相手の状況を思いやり自分の行動を決める

知人が突然の事故に遭った、または災害で被害に遭ったことを知ったら、お見舞いに駆けつけたほうがよいのか、取り急ぎお見舞いの手紙を出すのかは、まず相手の状況を把握し判断しましょう。自分の気持ちより相手の状況・心情を思いやることが大切です。

また事故などでは、手紙の相手が加害者の場合もあります。起きてしまったことなので、状況については細かく触れないようにします。

短くても時機をみて何度か出す

特別な状況にある相手ですから、気持ちを引き立てるようなことばを選びます。励ましのつもりの何気ない表現が相手を傷つけることのないように注意しましょう。見舞いの手紙で大切なのは、短くても時機を見て何度か出すこと。それが相手にとって何よりの励ましになります。返事を求めないのも基本のマナーです。

緊急の場合以外は通常のルールに則る

事故や災害の見舞状でも、よほどの緊急でない限りは「頭語」や「時候のあいさつ」などを用います。また「相手の安否を尋ねる」前文でもかまいません。主文は、以下でまとめます。

◎知った驚き
◎心からのお見舞い
◎金品を送る場合はそれに触れる
◎援助の用意があればそれにも触れる

看護者への手紙は、ねぎらいを忘れないようにしましょう。

末文は、結びのあいさつ➡結語➡後付け、という流れになります。

文例 91

●交通事故 ●手紙 ●30代女性→50代女性

長期療養中の幼なじみの母親への手紙

●おたよりの理由 親友が交通事故で長期療養。母親とも仲が良かったので、お見舞いの手紙を送ります。

拝啓　桜のつぼみが開き始めた今日このごろ、おばさま、お変わりございませんでしょうか。

先日、バッハのピアノコンサートに行って参りまして、とても心地よいアレンジで癒されました。香さんが「バッハが好き」と言っていたのをふと思いだしまして、**❶ぜひ、おばさまと香さんにも聞いていただきたいと思い、CDをお送りさせていただきます。**

お正月にお見舞いにあがったあとも、香さんのお顔を拝見したいと思いながら、すっかり月日が経ってしまいました。先日、中学の同級生の田中結花さんもそちらに訪ねたと聞きましたが、**❷香さんの顔を見ることができて、安心したと申しておりました。**

私もゴールデンウィークに帰省した際には、お見舞いにあがりたいと思っております。香さんにも、どうぞよろしくお伝えください。

❸おばさまのおからだも心配です。朝晩は冷え込みますので、どうぞご自愛くださいませ。

敬具

書き方のコツ

❶看病をねぎらう
長い看病は疲れをともなうので、気分転換の提案をさりげなく入れてみるのもいいかもしれません。

❷病気の話は避ける
見舞った者がどんな印象をもったかなど、相手の病状について立ち入った話をしないのがマナーです。

❸健康への気づかい
事故当事者だけではなく、家族への配慮のことばも忘れずに。

文例 92

離れたところに住む元上司へお見舞いの手紙

●交通事故 ●手紙 ●30代男性→50代男性

急啓　不慮の事故で入院されたとのこと、大変驚いております。❶すぐにでも駆けつけたい気持ちでいっぱいですが、遠方のため、お見舞いに駆けつけることができず、申し訳ありません。命に別状がないとのこと、ひとまず安心と伺いました。その後、おけがの具合はいかがでしょうか。

先日、❷同期入社の加藤君と札幌で会う機会があり、彼が幸田さんの部署に配属になった話から事故のことを知らされました。聞くところによりますと、散歩中に、路面凍結によるスリップで車が突然、歩道に乗り上げてきたとのこと。私の住む北海道ではたまに見かける事故ですが、関東でこのような思いもよらぬ事故が起こるとは、❸さぞ驚かれたことと存じます。

❹ご家族の皆様におかれましてもご心痛のことと思います。まずはゆっくりご養生され、一日も早いご本復をお祈り申し上げます。

近く、東京へ出張の予定がございます。改めてお見舞いにあがらせていただきたいと存じますが、取り急ぎ書中にてお見舞い申し上げます。

不一

●おたよりの理由　前職の会社の上司が離れた地で交通事故。元同僚から子細を聞き、お見舞いの手紙を送ります。

書き方のコツ

❶すぐに行けないお詫び
事故の話を聞いてすぐに駆けつけられない理由を述べ、お詫びの気持ちを伝えます。

❷だれから聞いたかを伝える
しばらく会っていなかった相手であれば、なぜ事故を知ったのか気になるはずです。だれから聞いたのかを伝えて納得してもらいます。

❸本人を思いやる
ことばを選び、事故に遭った本人を思いやる気持ちを表します。

❹家族へ配慮する
本人へのお見舞いとともに、看病にあたる家族へのねぎらいの気持ちを伝えます。

文例 93

仕事中の事故を心配した姪からおじへの手紙

●交通事故 ●手紙 ●30代女性→50代男性

❶拝啓　今年は昨年に増して、暑さが厳しいようですが、その後、お加減はいかがでしょうか。

事故当初は、❷安全運転がとりえのおじさんが事故だなんて、本当に驚きました。でも事故の原因はおじさんではなく、自動車が対向車線から飛び出してきたということで、「やはりおじさんの腕は確かだ」と確信しています。私も、おじさんに教わって運転技術を守って、安全運転を心がけますね。

タクシーの仕事に復帰するまであと少し、とおばさんから聞いております。でも、❸長年のお疲れもあると思いますので、無理せず、ゆっくり養生してください。そして、復帰したらドライブに連れて行ってくださいね。❹私の運転も見てもらいたいです。まずは近場で、秋の紅葉を見に行きませんか？

まだ暑い日が続きそうです。おばさんにも体調を崩されないように、よろしくお伝えください。

くれぐれもお大事になさってくださいね。

かしこ

●おたよりの理由　タクシー運転手のおじが交通事故で自宅療養中。遠方に住む姪がお見舞いの手紙を送ります。

書き方のコツ

❶時候のあいさつ
相手が療養中の場合は、時候のあいさつから始めます。

❷相手への思いやり
事故で気落ちしている相手に、少しでも気持ちを前向きにしてもらうことばがけをします。送り手の気持ちが伝わり、明るくなれるでしょう。

❸ねぎらいのことばがけ
事故への思いやりとは別に、ねぎらいのことばを選んで伝えるとよいでしょう。

❹目標を提案する
元気になったときの目標となるイベントなどを提案すると、一日でも早く元気になろうと、前向きな気持ちになってもらえます。

文例
94

リハビリを頑張っている恩師への手紙

●交通事故 ●はがき ●20代女性➡50代女性

拝啓　庭のもみじも、赤く色づいてまいりました。その後、お加減はいかがでしょうか。

先日病院にお訪ねした際は、❶**突然の知らせに驚くばかりでした**。その後、同じゼミでお世話になった井上先輩から、手術も成功され、現在はリハビリによって回復に向かいつつあるとお聞きしまして、安堵しております。

お仕事のことなど、気がかりかとも思いますが、大学のお仕事以外にも、全国各地での講演活動で休む暇もないほど働いていらっしゃったので、この際、❷**どうぞゆっくりとご静養ください**。❸**先生の講義を楽しみにしている学生にとっては寂しいでしょう**。でも、みんなが先生の復帰をお待ちしております。

❹**回復されましたら、みんなでテニスに行きたいですね**。これまで先生に勝ったことがありませんが、私も一生懸命に練習して、今度こそ勝てるように腕を磨いておきます。その日を楽しみに、仕事に励みたいと思います。

朝夕が少し冷え込むようになりましたので、どうぞお体冷やさないようにしてください。　　かしこ

●**おたよりの理由**　加害事故を起こした恩師を見舞ったあと、リハビリを頑張っている恩師へはがきで励まします。

書き方のコツ

❶**事故についてふれない**
相手が事故の加害者の場合、事故についてふれることはできるだけ避けます。

❷**身体を気づかう**
お見舞い後も回復していない場合は、身体への気づかいを忘れずに、継続して連絡を入れるようにします。

❸**前向きになれることば**
相手が加害者の場合、気持ちが沈んでいるでしょう。できるだけ前向きになれるようなことばを選んで伝えます。

❹**目標を提案する**
少しでも気持ちが明るくなるように、回復後の楽しみを提案して元気づけます。

●交通事故 ●メール ●20代男性→40代男性

文例95 会社の先輩へ励ましのメール

●おたよりの理由　会社の先輩が出張先で交通事故に遭い入院。取り急ぎメールで心配していることを伝えます。

林　武　先輩
本日お昼ごろ、出張先から戻り、
林さんの思いもかけないニュースを聞き、
急ぎメールを送らせていただきました。
大事故に巻き込まれたと聞き、とても心配しております。
昨日は部長がそちらへ伺ったとのことですが、
しばらくそちらの病院に入院されるとのことでした。
何かご入用のものがあれば、宅配便でお送りします。
ご希望の品を教えていただければと思います。
すぐにでも飛んで行きたい気持ちですが、
会社で林さんのお留守をしっかり守りたいと思います。
仕事のことはお任せいただき、治療に専念してください。
入院中ゆえ、返信はご無理なさらないで、
一日も早い現場での復帰をお祈りしております。
佐々木　健一

●交通事故 ●メール ●30代女性→30代男性

文例96 突然の出来事、まずメールで見舞う

●おたよりの理由　通勤中、電車の事故に巻き込まれたのをニュースで見て、お見舞いのメールを送ります。

近藤　新　様
テレビのニュースで、近藤くんが映っているのを見て、
一瞬、自分の目を疑うほど驚いてしまいました。
多くの人が巻き添えになり、現場は騒然としていました。
けがの具合はいかがでしょうか。
インタビューを受けている場面を見ましたが、
事故の大きさの割に、骨折程度のけがですんだとのこと。
少し安堵しました。それでも突然の事故で、
私には想像も及ばないほどのショックだと思います。
すぐにでも病院に駆けつけたい気持ちでいっぱいです。
近く、夫ともどもお見舞いに行きたいと思いますが、
取り急ぎメールにてお見舞い申し上げます。
病院では休暇のつもりでリラックスし、
傷が一日も早く癒えるよう、お祈りしています。
立花　舞

文例97

試合中にけがをした仲間を見舞う手紙

●スポーツ事故 ●手紙 ●40代男性→50代男性

拝啓　うららかな春となりました。その後、お加減いかがでしょうか。

村田さんが思わぬ事故で試合を抜けられたあと、とても心配でしたが、残りのメンバーで試合を続け、苦戦しながらもなんとか勝つことができました。村田さんがそれまで得点をかせいでくださったおかげです。**❶でも、勝ったはいいものの、村田さんの足の具合が気になって仕方がありませんでした。**

骨折されて、しばらく療養が必要とのことですが、**❷ムードメーカーの村田さんがいないと寂しく、みんなも「早く戻ってきてほしい」と話しています。**

もちろん、試合より体のほうが大切なのですが、少し歩けるようになれば、**❸ぜひ、練習試合を見に来ていただきたいです。村田さんが声をかけてくださるだけで、みんなの気持ちが引き締まり、試合も盛り上がると思います。**

再来週の土曜日には、本町のチームと練習試合があります。場所は本町ですが、桜の木がたくさんある場所で、ちらほら咲き始めるようです。当日、気が向いたら、奥様と一緒に観戦にいらっしゃいませんか？

❹奥様にもよろしくお伝えください。

敬具

●おたよりの理由　サッカーの試合中にボールを踏んで転倒、骨折してしまった友人を見舞って手紙を書きます。

書き方のコツ

❶相手の気持ちに配慮
試合の報告をしながらも、相手の置かれた状況を気づかう思いやりをしましょう。

❷療養に励めるひと言を
けがをした相手が、療養をがんばろうという気持ちにさせる励ましのことばを選んで伝えましょう。

❸楽しみを提案する
療養中でも参加できるイベントなどに誘って、相手を元気づけましょう。

❹家族に配慮する
親しい間柄で、相手の家族も知っている場合は、家族への配慮も入れます。

文例98

同じ趣味をもつ上司を見舞う手紙

●スポーツ事故 ●手紙 ●50代女性→60代女性

拝啓　その後、お加減はいかがでしょうか。

登山が大好きな戸田さんのこと。病室から抜け出したく、うずうずしていらっしゃるのではないでしょうか。

❶事故当初は、もう山に登るのは止められるのではないかと思っていましたが、やはり山好きは変わりませんね。お見舞いにあがったとき、次に登りたいとおっしゃっていた山の写真集を枕元に置いておられたのを拝見し、つくづくそう思いました。❷どんなに気をつけても、事故はだれの身にも起こりうることだと、山へ行くたびに思います。私も気を引き締めて、これからも登山を続けたいと思います。

先日、近所の高尾山に登りましたが、木々が芽吹き、山菜もたくさん出ていました。山はすっかり春です。そのときの写真を同封しますね。❸難関の山に挑むのもいいですが、低い山を散策するのも楽しいものです。次はぜひ、ご一緒させてください。

一日も早い現場復帰を、事務所のみんなでお祈りしています。

敬具

●おたよりの理由　会社の登山部でいっしょの上司が山で転落し入院。たびたび見舞えないので手紙を出します。

書き方のコツ

❶相手の気持ちを称える

相手が事故に遭ったスポーツを愛する気持ちに共感し、称えます。

❷落ち込んだ気持ちを楽に

落ち込んでいる相手には、少しでも気持ちが楽になるように、事故は本人のせいではなく、だれにでも起きる可能性のあることを伝えます。

❸手の届く楽しみを提案

退院後はしばらくハードな運動ができない場合でも、気持ちを明るく持ってもらえるような手の届く楽しみを提案します。

文例
99

遠くに住む友人のけがの具合をうかがうはがき

●スポーツ事故●はがき●30代女性↓30代男性

拝啓　紫陽花が雨の中みずみずしく咲き、初夏を彩ってくれています。

その後、足の具合はいかがでしょうか。❶けがをされたゴールデンウィークからだいぶ時間がたっているので、すっかり治っているといいのですが。

❷私が無理にパラグライダーに誘ってしまったので、けがをさせてしまったのを申し訳なく思っています。でも、ねんざをしながらも「もう一度挑戦したい」と言ってくれたので少し安心しました。

パラグライダーははじめての体験でドキドキしましたが、インストラクターの方の教え方がとても上手で、よい経験ができたと思っています。斎藤さんには、いつもお気づかいいただき、広いお心に私は甘えてばかりですね。❸今度は、秋にゆっくり温泉につかって身体を癒せるツアーを企画しようかと思っています。ねんざに効用がある温泉を必ず見つけますので、いつものメンバーも乗り気なのでぜひご一緒してください。

❹むし暑い天気が続きますが、ねんざのあとが痛みませんよう、どうぞご自愛ください。　敬具

●おたよりの理由　旅先でパラグライダーをした友人が足をねんざ。経過をうかがうお見舞いのはがきを出します。

書き方のコツ

❶お見舞いのことば
けがをして時間がたって、けがも癒えたころにもお見舞いのことばをかけます。

❷相手の気づかいへの礼
事故当時に受けた思いやりへのお礼を伝えます。この一言で、相手の気持ちもやわらぐでしょう。

❸次の楽しみを提案する
送り主の気持ちが伝わり、相手が楽しみにできるような提案をしましょう。

❹けがを気づかうことば
一度治ったけがも気候や環境によって痛むことがあるので、最後に、けがの具合を気づかうことばで結びます。

●スポーツ事故　●メール　●40代男性→30代男性

文例100

仕事でつき合いのある知人へのメール

●おたよりの理由　スキーで足首を骨折した仕事関係の知人を見舞うメールを出します。

佐藤　はじめ　様
いつもお世話になっております。
先日のお打ち合わせではよいご提案をいただきまして、
誠にありがとうございます。
検討させていただき、ご提案いただいた案を
進めたいと考えております。
先日の打ち合せの際に、松葉杖をつかれていたので、
驚きました。その後、足の具合はいかがでしょうか。
思うように動けない中、ハードな仕事をこなさなければ
ならないご苦労、お察しいたします。けがをされていても
いつもと変わらず周囲に気配りをされるご様子に、
「さすが佐藤さんだ」と、みんなで話しておりました。
一日も早いご本復をお祈り申し上げます。
引き続き、プロジェクトもどうぞよろしくお願いいたします。
吉田　悟

●スポーツ事故　●メール　●20代女性→20代女性

文例101

事故後の様子をうかがうメール

●おたよりの理由　大学の同級生がゴルフ中に雷に打たれて入院。退院後にお見舞いのメールを出します。

加藤　梨花　様
こんにちは。退院の知らせをお聞きしました。
早く回復して、本当によかったです。安心しました。
ゴルフ場での雷事故はよく耳にしますが、
最近は急激な天気の変化もあるので、本当に怖いですね。
雷除けについては、ゴロゴロと音がしたら傘はささないとか、
金属のものを身に付けないなど、
いろいろと言われていますが、今後ゴルフをするときには、
どうか気をつけてくださいね。
しばらくゴルフをする気持ちにならなかったら、
今度、駅前のバッティングセンターで、リハビリもかねて、
ストレス解消しませんか？　私はたまに行くのですが、
ゴルフとはまた違った爽快感があっていいですよ。
落ち着いたら、改めてご連絡しますね。
吉田　祐子

文例
102

お見舞いの品といっしょに届ける手紙

●勤務中の事故 ●手紙 ●50代男性→30代男性

❶急迫　先日御社に伺い、❷部長の山田様より、業務中に事故に遭われたとお聞きし、心よりお見舞い申し上げます。

伺ったところでは、ビルの３階ほどの高さから植え込みに転落されたとのこと。予期せぬ事故で、さぞ驚かれたこととお察しいたします。❸安全管理には充分に留意されていらっしゃることも存じ上げておりますので、不測の事態によるものと推察いたします。

療養では辛抱を強いられることが多いかと思いますが、どうかあせらず、治療に専念なさいますようお願い申し上げます。すぐにお見舞いに上がりたいところですが、取り急ぎ、心ばかりのお見舞いの品を届けさせていただきました。

谷口様のお仕事は迅速かつ美しく、弊社でも評判です。新人は現場を見学しますが、谷口様の担当を選んで見学にあがる者がいるほどです。❹一日も早く回復し、またすばらしいお仕事を拝見できる日がくることを、社員一同、お祈りしております。

草々

●おたよりの理由　取引先の担当者がビルの工事中に転落。重症を負ったのでお見舞いの手紙を出します。

書き方のコツ

❶取り急ぎの頭語
頭語で突然の事実を知って、急いで書中でお見舞いする姿勢を伝えます。結語は「草々」。

❷情報源を伝える
相手は、なぜこの人から手紙が来るのか不審に思うかもしれません。どんなルートで知ったのかを伝えます。

❸相手の努力を称える
日ごろの相手の努力を称え、不測の事故だったことを承知していることを伝え、相手の気持ちを少しでも楽にしてあげましょう。

❹勇気づけることばがけ
心から心配して回復を祈り、相手の仕事を尊敬していることを伝えます。

文例 103

● 勤務中の事故 ● 手紙 ● 60代男性➡30代男性

海外まで見舞いに行けない気持ちを届ける手紙

●おたよりの理由　バンコクの工場で爆発事故。日本に住むおじが、そこで働く甥を見舞う手紙を出します。

❶太郎くん、その後の経過はどうだろうか。ニュースで事故を知ったときは、本当に驚いてしまったよ。

お父さんに聞いたけれど、爆発事故後に部下を助けるために工場内に入り、けがをしてしまったとか。❷太郎くんの勇気ある行動を称えたい気持ちもあるけれど、どうか無理をしないで、と言いたいです。けがは軽くすんだとのことで不幸中の幸いでしたが、たくさんの被害が出てしまったとのこと、さぞ辛かっただろうと思います。

遠く離れたバンコクで、ひとり奮闘している君のこと、頼もしく思います。❸でも、つらいときは、休みをとって帰っておいで。とはいっても、そちらで片付けなければならない仕事もまだまだあることでしょう。しばらくは帰って来られないだろうから、❹おいしいと評判のレトルトの日本食を送ります。口に合うかどうかはわからないけれど、少しでも役立てばと思います。

とにかく、あまり無理しないようにしてください。一日も早く、君の元気な顔を見たいです。

書き方のコツ

❶頭語を省く
親しい間柄なので頭語は省略してもかまいません。

❷相手の勇気を称える
一見無謀にも思える行為を責めず、その勇気を称えます。同時に、自分の身体を大事にしてほしいという気持ちも伝えましょう。

❸相手の立場を気づかう
本当はすぐにでも帰って来てほしいけれど、相手の立場や心の負担を考えてことばを選んで伝えます。

❹品物で気持ちを伝える
ことばだけではなく、しばらく帰国できないであろう相手に少しでも役立つ品物で気持ちを伝えます。

文例
104

作業中の事故に遭った社員へお見舞いのはがき

●勤務中の事故 ●はがき ●40代女性→30代男性

急啓　このたび、木村さんが作業中に大けがをなされたとのこと、心からお見舞い申し上げます。

❶その後、経過はいかがでしょうか。思いもかけない凶報で、みんな驚いております。いつも慎重に行動されているにもかかわらず、今回のような事故に見舞われてしまいことばもございません。

木村さんは❷まだまだお若いですし、身体も普段から鍛えていらっしゃり体力もあるので、治療に専念されれば、きっと普通の人よりも早く快癒《かいゆ》されるのではないでしょうか。❸お仕事のこともご心配かと存じますが、今はどうか治療に専念され、一日も早く復帰されますことを、お祈り申し上げます。

❹入院されている東日本総合病院の食事はおいしいと聞いておりますが、いかがですか？　デザートなどはあまり出ないと思いますので、木村さんのお気に入りのシュークリームを持って、近くお見舞いにあがりたいと思います。読みたい本やゲームなど、何か欲しい物がございましたら差し入れますので、それまでに考えておいてください。

まずは書面にてお見舞い申し上げます。　草々

●おたよりの理由　会社の業務中の事故。入院中はメールも見られないので、取り急ぎはがきでお見舞いを送ります。

書き方のコツ

❶相手の容態を第一に
相手を思いやることばを中心に、業務上の要件は書かないようにします。

❷励ましのことば
相手を励ますことばを選んで、治療に専念できるように伝えましょう。

❸気持ちが休まることばがけ
仕事が気になっている相手を気づかって、治療に専念するように伝えます。

❹気分転換できることばがけ
けがや治療以外のことに話題をそらし、相手が気分転換できるようなことばをかけます。

●勤務中の事故 ●メール ●20代男性→20代女性

文例105 けがをさせたお詫びとお見舞いメール

●おたよりの理由　不注意で同僚にけがをさせてしまい、お詫びとともにお見舞いのメールを送ります。

吉本　はるか　様
このたびは、私の不注意で吉本さんに
おけがをさせてしまいまして、大変申し訳ありませんでした。
おけがの具合はいかがでしょうか。
順調に回復に向かっていらっしゃるといいのですが、
1週間会社をお休みされると伺い、とても心配しております。
あのときは会場の設営時間が短く、
かなり焦って作業をしていて、本当に不注意でした。
今後は、安全第一で作業を進める所存です。
事故につきましては、ご容赦をお願い申し上げます。
直接伺って改めてお詫びを申し上げたいと思いましたが、
ご自宅にお邪魔するのもご迷惑かと思いまして、
まずはお詫びと、お見舞い申し上げます。
朝晩、まだまだ冷えます。どうぞご自愛くださいませ。
神林　守

●勤務中の事故 ●メール ●30代男性→30代男性

文例106 事故の一報を受けメールでお見舞い

●おたよりの理由　社員にけがはないが、会社としては大きな損害があり、お見舞いのメールを送ります。

冠省　このたびは貴社の関西工場が
事故に遭われたと知らせを受け、信じられない思いです。
心よりお見舞い申し上げます。
日ごろから厳しい安全管理をしていらっしゃる貴社のこと、
何か不測の事態が発生されたのだとご推察いたします。
爆発、火災ということでしたが、小松部長をはじめ、
貴社の従業員のみなさま、近隣のみなさまも
ご無事とのことで、まずは安堵しております。
事故処理にはどうぞ万全を期せられまして、
一日も早いご復旧をお祈りいたします。弊社も微力ながら、
できる限りの協力をさせていただく所存です。
何なりとお申し付けください。ご遠慮は無用です。
ご心労も重なることと存じますが、ご自愛ください。
取り急ぎ、メールにてお見舞い申し上げます。　草々

文例107

遠方に住むおばからのお見舞いの手紙

●プライベートでの事故 ●手紙 ●40代女性→20代女性

●おたよりの理由　地域の花火大会で花火が落下してやけどを負った姪におばからお見舞いの手紙を送ります。

❶前略　❷ニュースで花火事故のことを知りました。まさか、かおるちゃんがあの場にいたとは思わず、あとからお母さんに聞いてびっくりしました。軽いやけどをしたとのことですが、具合はいかがですか。

❸せっかくの花火大会で思わぬ事故が起きてしまい、さぞ驚いたことだと思います。それでも、不幸中の幸いで大事に至らず、本当によかったです。

❹今年はわが家の畑は豊作で、すいかも大きく実りました。かおるちゃんはすいかが大好きでしたよね。おなかいっぱい食べられるように、2玉送ります。

しばらく実家でゆっくりされることと思いますから、最近読んでおもしろかった小説も、いっしょにお送りしますね。お母さんも読みたがっていたので、かおるちゃんが読み終わったら、貸してあげてください。

また時間ができたら、ゆっくりおばさんの家にも遊びに来てくださいね。犬のジローも待っています。

取り急ぎ、書中にてお見舞い申し上げます。

草々

書き方のコツ

❶時候のあいさつを省略

親しい間柄であり、目上から目下への手紙なので時候のあいさつは省略します。

❷手紙のいきさつを伝える

遠方に住んでいるので、まず、やけどをしたことを知ったいきさつを伝えます。

❸相手の気持ちを推察

事故に遭った相手のショックの度合いを推し量り、やさしいことばがけをしましょう。

❹元気づける工夫を

おばと姪という親しい間柄なので、何気なく、姪が大好きなものをお見舞いに送って元気づけるのもよいでしょう。

文例 108

●プライベートでの事故 ●手紙 ●50代女性→60代女性

仕事復帰を喜びながら見舞う手紙

●おたよりの理由　地域のイベントで食中毒に。仕事に復帰したという知らせを受け、お見舞いの手紙を送ります。

拝啓　梅花の候、❶その後いかがお過ごしでしょうか。❷食中毒のほうはご快癒されたとのこと、心からお喜び申し上げます。牡蠣祭りのイベントに参加されたほかの方々も、みなさま快方に向かわれているとのことで、本当によかったです。

私も牡蠣は大好きで、❸冬はノロウイルスがあると知っていても、気にせずに生のまま食べてしまいます。見た目ではどうにもわからないことなので、注意のしようもないのではないかと思ってしまいますが、きちんと火を通して食べることが大事なのだそうですね。食いしん坊な私も、いつ同じ経験をするかわかりませんので、気をつけたいと思います。

❹お仕事もお忙しいことと思いますが、病気をしたあとです。どうぞご無理なさいませんように。しばらくして落ち着かれましたら、またおいしいお酒でも飲みにお誘いしたいです。

まずは書中にてお見舞い申し上げます。

まだ厳しい寒さが続きますので、どうぞご自愛ください。

敬具

書き方のコツ

❶回復後の様子を聞く
病気の最中だけではなく、回復後にも、お見舞いを書いて様子をうかがいます。

❷回復を祝う
病気・けがから回復したことを祝う気持ちを伝えます。同時に複数人がかかわっている場合は、ほかの人たちのことにも言及しましょう。

❸思いやりのことばかけを
どんなに気をつけていても、不可抗力ということもあることを伝え、気持ちを楽にしてあげましょう。

❹体調を気づかう
多忙な相手を心配し、回復後も体調に気をつけてほしいことを伝えます。

文例
109

甥の事故を心配して見舞うはがき

●プライベートでの事故 ●はがき ●30代女性→40代女性

❶前略　突然の事故の知らせに、信じられない思いです。兄から電話で、雄大くんが鯉のぼり飾りの設置中に大けがをしたと聞きました。思いもよらない事故でとても驚いています。

幸いにして命に別状はないということで一安心ですが、雄大くんのお加減は、その後いかがでしょうか。

かなり高い場所から落ちたとのことだったので、本人もさぞショックだったことでしょう。大人が想像するだけでも恐ろしく、ましてや子どもにとってはと思うと、震えてきます。❷お姉様のご心労もいかばかりかと案じております。

❸一日も早く回復し、また元気な姿を見せてほしいと祈っております。すぐにでもかけつけたい思いでいっぱいですが、遠方のため、まずは書中にてお見舞い申し上げます。

近々、両親と一緒にお見舞いにあがりたいと思います。❹雄大くんが、いま一番夢中になっているものがあれば、教えてください。少しでも元気づけられればと思います。お姉様も看病でお疲れのことでしょうが、体調には充分気をつけてください。　草々

●おたよりの理由　12歳の甥がイベント準備中に木から川に転落。甥の母親（義姉）にお見舞いのはがきを書きます。

書き方のコツ

❶時候のあいさつを省く
突発的な事故での急な入院の場合、時候のあいさつを省いてもかまいません。

❷看護する家族を気づかう
本人を見舞うとともに、看護をしている家族の気持ち、体調などにも配慮したことばをかけて心配している気持ちを伝えます。

❸すぐに行けないお詫び
すぐにかけつけるべき間柄でも、遠方でむずかしい場合は、急ぎお見舞いのはがきを出します。

❹見舞いの品で元気づける
近しい間柄なので、見舞いの品は何がいいか聞いてもいいでしょう。

●プライベートでの事故　●メール　●20代男性➡30代男性

文例110 仕事の担当者へ事故見舞メール

●おたよりの理由　仕事の担当者が祭りで腕を骨折。会社には出てきていると聞き、急ぎお見舞いのメールを送ります。

いつもお世話になっております。
林様が、だんじり祭りでおけがをされたとのこと、
山本部長より伺いました。
毎年実家に戻られて参加されていると聞いておりましたので、今年もまた、みやげ話を楽しみにしていたため、
とても信じがたく、大変驚きました。
その後、お加減はいかがでしょうか。
以前、祭り見物に行った際、林様の勇姿を拝見し、
思わず「かっこいい！」と、声に出したくらい憧れましたが、
やはり相当ハードなお祭りなのですね。
林様にとって、けがも勲章なのかもしれませんけれど、
どうぞご無理をされず、一日も早いご回復を
心よりお祈り申し上げます。
まずは、メールにてお見舞い申し上げます。

●プライベートでの事故　●メール　●30代男性➡50代女性

文例111 不慮の事故を見舞うメール

●おたよりの理由　復興イベント会場で突風発生。テントが倒れて軽傷を負ったおばに、お見舞いのメールを送ります。

田中　佳子　様
ニュースで事故を知り、大変驚きました。
その後、体調はいかがでしょうか。
イベント会場での突風で、テントが倒れたにもかかわらず
かすり傷程度ですんで、よかったです。
頭を打って入院された方もいらしたとのこと。
現場は大変な状況だったことと思います。
最近は異常気象で、晴れているから大丈夫だと思っても、
急に雨雲が出てきたり､竜巻が発生したり､ヒョウが降ったり、
お天気の急変は侮れません。
おば様もどうか気をつけてくださいね。
すぐにでもお見舞いにあがりたいのですが、
また近々、お誕生日会でお会いできることと思います。
どうかしばらくは、ゆっくり休んでください。
田中　次郎

●火事見舞い ●手紙 ●30代男性→30代男性

文例112 同級生を代表して送る手紙

●おたよりの理由 幼なじみの家が経営している酒蔵が類火により火災。お見舞金に手紙を添えて送ります。

急呈《きゅうてい》 このたび、類焼の災厄《さいやく》に遭われましたことを聞き及び、謹んでお見舞い申し上げます。

素早い消火活動によって酒蔵の一部のみが焼け、ご家族の皆様もおけががなかったご様子で、何よりと思います。不慮の事態で、ご心痛はいかばかりかとお察しいたします。

酒蔵の一部が焼失してしまったのは、大きな痛手かと存じますが、一日も早い復興をお祈りいたします。

心ばかりではありますが、同級生一同より、火災見舞をお送りさせていただきます。近いうちに改めてお見舞いに伺うつもりですが、取り急ぎ、書中にて心よりお見舞い申し上げます。

草々

●火事見舞い ●手紙 ●40代男性→50代男性

文例113 取引相手へのお見舞いの手紙

●おたよりの理由 飲食店で火災（失火）。店の仕入先の担当者が、お見舞いお手紙を送ります。

急啓 このたびの貴店出火の報道に、大変驚いております。思いもよらない災害で、心からお見舞い申し上げます。

手に軽いやけどをされたとのことですが、具合はいかがでしょうか。ただ、お客様に負傷者が出なかったことに、安堵しております。

お力落としのこととお察し申し上げますが、どうか気持ちをしっかりお持ちください。

失礼かとも思いましたが、お見舞いと当座の入り用品を別便にてお送りさせていただきました。ご活用いただければ幸甚です。

私どもに何かできることがございましたら、遠慮なくお申しつけください。

草々

●火事見舞い ●手紙 ●30代男性→40代男性

文例114 会社復旧を願うお見舞いの手紙

●おたよりの理由 取引相手の会社が入居するビルが火災。担当者が、会社社長にお見舞いの手紙を送ります。

前略 テレビの報道で貴社のビルが出火されているのを拝見し、大変驚いております。平素から事故防止や防災対策に力を入れていらしたので、さぞご心痛のこととお察しいたします。

火はすぐに消し止められたとのことですが、社長をはじめ、社員の皆様におけがはなかったとのことで、まずは安堵しております。

突然の災厄で、しばらくは復旧にご多忙のことと存じますが、私どもに何かできることがございましたら、何なりとお申し付けください。若手社員を待機させております。

改めてお見舞いにあがりたいと存じますが、まずは書中にてお見舞い申し上げます。

草々

●火事見舞い ●手紙 ●30代女性→40代男性

文例115 失火の責任者の工場長へのお見舞いの手紙

●おたよりの理由 取引先の工場で、近隣にも燃え移る大火災（失火）が発生。取り急ぎお見舞いの手紙を送ります。

急啓 貴社工場からの出火が近隣にまで及んだということをニュースで知り、驚き入っております。謹んでお見舞い申し上げます。

大変な事故となり、ご心痛はお察しするにあまりありますが、どうかお気持ちを落とさず、復旧にご尽力くださいますよう、お祈りいたします。微力ではございますが、私どももお力添えをさせていただきたく存じます。一日も早い復旧を、心からお祈り申し上げます。

しばらくはお忙しい毎日になるかとお察しいたしますが、くれぐれもご自身のお体も大切にされてください。

気持ちばかりのお見舞いを同封させていただきます。ご活用いただけましたら幸いです。 草々

●火事見舞い ●はがき ●20代女性→60代男性

文例116 恩師を心配して見舞う手紙

●おたよりの理由　大学の恩師の家が類焼によって全焼。年輩の恩師を気づかい教え子がお見舞いのはがきを送ります。

急啓　院生の竹下より、先生のご自宅の火災を聞き知りました。心よりお見舞い申し上げます。

大変な被害でご心痛のこととお察ししますが、先生、ご家族におけがもなく、近隣の方々にも負傷者はないとのことで、安堵いたしました。

しばらくは葉山の別宅で暮らされるとのこと。大学へのご出勤には、これまで以上に時間がかかってしまうと思いますが、どうぞご無理されず、ご自愛ください。

私も葉山に住んでおりますので、できることがあれば何なりとお申し付けいただければと存じます。近々、改めてお見舞いにあがりたいと存じますが、まずは書中をもちまして、お見舞い申し上げます。

草々

●火事見舞い ●はがき ●40代女性→80代女性

文例117 年老いた義母を気づかって見舞う

●おたよりの理由　義母の家の近くで火災発生。類焼はまぬがれたが、ショックではと、お見舞いのはがきを送ります。

前略　ニュースで、お母さまの家の近くで大きな火災があったと知りました。大丈夫でしたでしょうか。

火事に遭われたお宅がお知り合いの方なのではないかと思い、ショックを受けられているのではないかと心配しております。すぐにでもお見舞いに伺いたいところですが、今月中は私も正志さんも、仕事を休めないものですから、まずは書中にてお見舞い申し上げます。

浩二が、おばあちゃんのところへ行きたいと言っているので、1人でそちらへ行かせてもよろしいでしょうか。浩二にできることがあれば、手伝わせてください。お邪魔になるかもしれませんが、よろしくお願いします。

草々

●火事見舞い ●メール ●30代女性→30代女性

文例 118

急ぎ助けはいらないかとメール

●おたよりの理由 一時避難を余儀なくされた友人。小さな子どもとペットもいるので、心配してメールを送ります。

館林　真紀子　様
そちらの近くで大きな火災が起きたとニュースで見て驚き、
取り急ぎメールを送りました。
だいぶ広範囲で避難が必要だったと聞きました。
下のお子さんがまだ小さく、犬の三助もいるので心配です。
とりあえず近くの小学校の体育館に避難したとのこと。
ちゃんと避難できたでしょうか。
ただ、近隣住民に負傷者は出なかったと聞いたので、
ほっと胸をなでおろしましたが、
大変な混乱だったのではないかと想像します。
落ち着かない日々がしばらく続くかもしれませんが、
気分転換したいときや、何かお手伝いが必要なときは、
いつでも遠慮なく連絡してくださいね。
まずは取り急ぎ、お見舞いまで。
森　裕子

●火事見舞い ●メール ●50代男性→40代男性

文例 119

お得意様の災難を見舞うメール

●おたよりの理由 機械類を納入しているお得意様の工場が類焼。取り急ぎ、お見舞いのメールを送ります。

株式会社　○×重機
佐竹　佑二　様
このたびは、火事の知らせを受け、大変驚いております。
謹んで、お見舞い申し上げます。
日ごろから充分過ぎるほど、災害対策をされていたところに、
近所の出火で、そちらにまで火の手が及んだと
聞き及びました。予想もしない突然の出来事で
さぞかしご辛苦のことと推察いたします。
その中でも、負傷者がいなかったことは何よりでした。
私どもも、ご支援させていただきたいと考えております。
何かございましたら、ご遠慮なく、お申しつけください。
お力落としのことと存じますが、
どうぞくれぐれもご自愛ください。
株式会社　△△モーター
佐野　吉郎

文例
120

家族ぐるみで親交のある知人への手紙

●地震見舞い ●手紙 ●40代男性→40代男性

●おたよりの理由　仕事関係でも親しい知人に家族の安否を確認しつつ、お見舞いの手紙を送ります。

❶前略　先日の震災以来毎日、報道を拝見しておりますと、大きな被害に心が痛みます。急ぎ市役所に問い合わせましたところ、早川様はご無事に避難されているとのこと、安心いたしました。心からお見舞い申し上げます。

❷ご家族の皆様は、ご無事でしょうか。お母様はご高齢であられ、またお子様はまだお小さいので、家内ともども大変に心配しております。お電話を差し上げようかとも思ったのですが、お取り込み中にかえってご迷惑かと存じ、お手紙を差し上げている次第です。

差し出がましいとは存じますが、取り急ぎ身の回りの日用品などをお送りしました。お使いいただけると幸いです。

不自由な避難生活の中で、ご不便な毎日をお過ごしのこととお察しいたします。なにかお手伝いできることがあれば、どんなことでもお申しつけください。

❸念のために私どもの住所、電話番号、アドレスを明記いたします。携帯電話は使えないこともあるかと存じますので、テレホンカードを同封いたします。

草々

書き方のコツ

❶時候のあいさつを省く
緊急事態なので、時候のあいさつは省きます。

❷家族の安否を尋ねる
相手だけでなく、その家族への心配りも忘れないようにしましょう。

❸負担のない方法で返事を求める
相手に返事を求めるのは避けたいところですが、例外的にテレホンカードや返信用のはがきを添えるとよいでしょう。

文例
121

特別お世話になった先輩へのお見舞い

●地震見舞い ●手紙 ●30代女性→40代男性

先日の地震では、各地で大きな被害があったと連日の報道や❶社内の共有メールなどで見聞きしておりますが、山口先輩とご家族の皆様はご無事と聞き、一安心いたしました。

しかし、家屋外壁が一部損壊されたとのこと、また、断水や停電などでご不自由なさっていること、ご心労いかばかりかとご推察申し上げます。心よりお見舞い申し上げます。

新入社員として入社以来、公私にわたりお世話になっております私ですので、❷すぐにでも参上し、できる限りのお手伝いをすべきところではございますが、本社内でも個人的な訪問は避けるよう諭されており、気持ちが焦るばかりです。

取り急ぎ、気持ちばかりのお見舞いをお送りいたします。

また、返信用の封筒も同封いたしますので、❸会社がさまざまな対応にあたっていることは伺っておりますが、せめてご入り用の品などございましたら、遠慮なくお申しつけください。

とりあえず書中をもってお見舞い申し上げます。

●おたよりの理由　職場の先輩が支社で地震に遭遇。会社の対応とは別に個人として手紙を送ります。

書き方のコツ

❶情報源を伝える

報道のほかに、社内メールで被災地の様子が伝わっていることを知らせ、みんなが応援していることを伝えます。

❷素直な気持ちを表現

お世話になった先輩だからこそ、お手伝いしたい素直な気持ちを伝えてもよいでしょう。

❸個人的な支援を申し出る

会社は一方的な支援になりやすいので、個人的に細かな支援を申し出ます。その通信手段として、返信用の封筒やはがきを同封するとよいでしょう。

文例
122

連絡がとれない友人へのはがき

●地震見舞い ●はがき ●40代女性➡40代女性

前略　千夏とご家族の皆様

　テレビでそちらの地震を知りとても驚いています。❶**ご自宅にも携帯にも、何度も連絡をしていますが、全くつながらないのではがきを書いている次第です。**ご家族のみなさんはご無事でいらっしゃいますか？報道によると、被害の甚大さばかりが伝わり、やきもきしています。

　新聞に避難所で避難している方々のお名前が出ているので、毎日確認しているのだけれど、千夏の名前はありません。心配と同時に無事を心から願いながら過ごしています。

　また、❷**何か私にできることがあればできる限りのお手伝いをしたいと思っています。**もしご自宅も被害に遭われているようなら、このはがきも果たしてお手元に届くかどうかわかりませんが、もしご覧いただけましたらどうかご一報ください。

　念のために私の住所、家の電話番号、携帯番号、アドレスを明記します。❸**まずはとり急ぎ書中にて心よりお見舞いを申し上げます。**

草々

●**おたよりの理由**　何度電話しても通じない友人と家族の安否（様子）確認を兼ねたはがきを送ります。

書き方のコツ

❶**あいさつは省く**
　ふだんの手紙のように自分の近況を述べたりするのはNG。冒頭から本題に入ります。

❷**相手を勇気づけることば**
　気落ちした相手に配慮し支援を申し出ます。とりあえずはことばだけでも、相手にとっては勇気づけられるでしょう。

❸**安否確認が主題**
　ほかの要件や追伸文などは必要ありません。連絡が取れない相手に取り急ぎのお見舞いであることを伝えます。

●地震見舞い　●メール　●20代女性→20代女性

文例123

幼なじみの友人へのお見舞いメール

●おたよりの理由　無事だと知っているものの、電話がつながらないためメールでお見舞いの気持ちを伝えます。

荒川裕美へ
このたびの地震で被災され、避難所にいると知り驚き、
また心配しています。

裕美もダンナも、そして子どもたちも大丈夫ですか？

テレビで見る様子しかわからないし、
携帯に何度もかけたり、ラインで送ろうとしたりしているけど、通じないからこのメールを送っています。

届くといいけれど……。

慣れない生活は大変だと思います。必要なものはある？

もし、このメールを見たらどうか、連絡をください。

返信でもいいし、電話をかけられれば声が聞きたいです。

私の携帯番号は000-000-0000です。

できるだけ早く手伝いに行こうと思っています。

岡村　彩

●地震見舞い　●メール　●30代男性→30代男性

文例124

会社の取引先へのお見舞いメール

●おたよりの理由　お見舞いとともに、社内で集めた品物をお送りすることのお知らせメールを送ります。

株式会社○○産業
渡辺　幹夫様
このたびの大震災におきましては、
貴社ならびに社員の皆様に多大な被害をもたらしたこと、
心よりお見舞いを申し上げます。
被災された皆様の一日も早いご回復をお祈りしています。
自然災害の恐ろしさをあらためて思い知らされております。
取り急ぎ、弊社で用意した心ばかりの品を送ります。
そのほかにも必要な物があれば、遠慮なくご連絡ください。
できるだけ迅速に対応したいと思います。
なお、社内の有志で支援隊を結成しました。
お邪魔にならないよう手伝わせていただきたいと思います。
一日も早い復興をお祈りしております。
株式会社△△物産
小笠原拓哉

文例 125

●風水害見舞い ●手紙 ●40代男性→40代男性

台風被害に遭った取引先へお見舞い

●おたよりの理由　お世話になっている取引先の工場が台風被害に。一日も早い復旧を願って手紙を送ります。

❶急啓　ニュースで御地の台風による災害の状況を拝見し、驚いております。貴社も被害に遭われたと知り、驚いてペンをとりました。

❷業務連絡で鈴木様に電話を差し上げお話を伺ったところによりますと、事務所はご無事だったとのことで何よりですが、貴工場はじめ従業員の皆様のご自宅の大半が被害の大きかった地域におありとのことでした。❸また、ご自宅のみならず、皆様のご家族の体調も心配されるところです。高齢の方や小さいお子様がいらっしゃる方も多く、さぞかし大変な思いをしていることかと拝察いたします。

まずは当座のご使用にと思い、別便で心ばかりのお見舞いをお送りしました。また後片付けが大変だと思います。微力ですが、弊社もできるだけお手伝いをしたいと思っております。❹何かお役に立てることがあれば何なりとお申し付けください。

一日も早い復旧をお祈りしております。

敬具

書き方のコツ

❶本題から始める
緊急事態なので、書き始めから本題のお見舞いのことばでスタートさせます。

❷被害を知った背景
どのような形で災害を知ったのかを伝えます。そのうえで、被害に遭ったことのお見舞いをします。

❸ご家族にも配慮
社員のみなさんと同時に、そのご家族にも配慮してことばをかけましょう。

❹相手の望みを聞く
相手に返事を強要するような表現は避けたいところですが、緊急の場合は例外です。

文例
126

●風水害見舞い ●手紙 ●50代女性→50代女性

土石流の被害に遭った友人への手紙

●おたよりの理由 すぐに行くことができないため、手紙とお見舞いで励ましの気持ちを手紙にして送ります。

前略 ❶**1週間前の深夜に突然の土石流に襲われて以来、いかがお過ごしでしょうか。早くお見舞いをと思いつつも、大変な状況の中でご迷惑になってはと、とりあえず手紙でお見舞い申し上げます。**

報道だけでは詳しい状況がわかりませんでしたので、❷**市役所に問い合わせてそちらの様子を聞きました。**あなたの地区は、建物等に大きな損害がないとのことでしたので、一安心しました。しかし、ほとんどの家屋の中に土石流が入り込んでいるとのことで、小学校へ避難されているという話でした。❸**不自由な生活で困っていらっしゃるのではないでしょうか。**

本来であれば、すぐにでも駆けつけてお手伝いをしたいところですが、そちらまでの交通手段がまだ復旧していない状況で思うようにいきません。同封のものは、ほんの心ばかりですが、お見舞いのしるしとしてお受け取りください。ほかに、❹**何か入用の品があれば、また私にお手伝いできることがあれば、遠慮なくお知らせください。**

まずはとり急ぎお見舞いを申し上げます。

草々

書き方のコツ

❶**お詫びをしつつ見舞う**
すぐに駆けつけられないことをお詫びし、様子を伺ってお見舞いのことばを伝えます。

❷**送り手の気持ちを表す**
どのように状況を知ったかを伝え、送り手の心配している気持ちを表します。

❸**相手の状況に配慮**
相手がどんな状況にあるのかを配慮し、無理をしないようにという気持ちを込めてことばがけをしましょう。

❹**手を差し伸べることばを**
困っているときは気持ちが弱っています。いつでもお手伝いすることを伝え、元気づけるようにします。

文例
127

台風被害を心配して取引先に送るはがき

●風水害見舞い ●はがき ●40代女性→40代女性

●おたよりの理由　ニュースで大きな被害があったことを知り、急ぎ様子を知るためにお見舞いのはがきを出します。

急啓　天気予報で台風15号が御地の方向へ進んで行ったのは存じておりましたが、今、ニュースを見て直撃されたことを知りました。

近年にないひどい暴風雨で、屋根が吹き飛んだり、床上浸水した模様がテレビに映っておりましたので、❶心配になり急ぎペンをとった次第です。❷御社や社員の皆様のご自宅に何か被害はなかったでしょうか。また、暴風雨でおけがなどされた方はいらっしゃらなかったでしょうか。ご案じ申し上げております。

ニュースによると、御社の近くを流れる南北川の堤防が決壊したと聞きました。そのため多くの家屋が床上浸水した様子を見ました。❸社員の皆様は、ご自宅の後始末もあり、事務所などの片付けの手が足りないのではないかと心配しております。ご迷惑でなければ弊社の社員を派遣いたしますので、いつでも遠慮なくお申しつけください。

❹ご様子をご一報くだされば幸いに存じます。

取り急ぎお見舞い申し上げます。

草々

書き方のコツ

❶タイミングを逃さない
災害見舞の場合は、時間がたちすぎると気持ちが伝わりにくくなります。出すタイミングを逃さないようにします。

❷被害状況の確認
具体的な被害状況を聞くことは避けるべきですが、相手の状況がわからない場合、大まかな聞き方をして心配している気持ちを伝えます。

❸援助の手を差し伸べる
相手の状況に配慮しながら、援助を申し出ます。押し売り的な表現は避けましょう。

❹最後を締めることば
すぐにではなくても、連絡がほしいことを伝えます。

●風水害見舞い　●メール　●20代女性➡30代男性

文例128 友人とその家族へのお見舞い

●おたよりの理由　テレビのニュースを見て、急ぎ安否を知りたくてメールを出します。

山中様、佐藤です。
今朝のテレビのニュースで、台風12号が
山中さんのお住まいの地域を襲い、甚大な被害をだした
とのことでしたが、ご自宅やお勤め先は大丈夫でしょうか。
私ども家族みんなで心配しています。
落ち着いてからでかまいませんので、
どうかご一報いただければ幸いです。
必要な品など、お知らせくだされば
送りますので、遠慮なく言ってください。
数年前、わが家が近所のもらい火をしたときに
山中さんにはとてもお世話になりました。
今回は、私が微力ながらも力になりたいと思います。
今は、山中さんご一家に被害がなかったことを
心よりお祈りするばかりです。
取り急ぎ、メールでお見舞い申し上げます。

●風水害見舞い　●メール　●40代男性➡50代男性

文例129 仕事関係者に送る河川の氾濫を心配するメール

●おたよりの理由　復旧を祈るとともに、急ぎお見舞いを贈った旨を知らせるメールを送ります。

集中豪雨のご被害、心よりお見舞いを申し上げます

営業部　田中　様
大変お世話になっております、株式会社○△の浜田です。
大雨による北川の氾濫では、貴社の町田工場が浸水し、
設備に甚大な被害があったことを伺いました。
たいへん驚くとともに、心よりのお見舞いを申し上げます。
一日も早く営業を再開できますよう切にお祈りいたします。
本来なら、担当の私がすぐにでもお手伝い方々
お見舞いに伺うべきところですが、遠方でもあり、
失礼ですがお見舞いを贈りました。
お役に立てていただければ幸いです。
ほかにもお手伝いできることがあれば、遠慮なくお知らせく
ださい。できる限り対応させていただきます。
まずは、急ぎメールにて失礼いたします。

事故や災害の見舞いへの返礼の書き方

形式的ではなく心を込めた感謝のことばを

事故や災害、悩みごとなど、自分がつらいときに受けたお見舞いや慰め・励ましのお見舞いにはお礼の手紙を返しましょう。これらは、相手が厚意を示してくれたことに対してのお礼ですから、お中元やお歳暮などの儀礼的なものとは違います。厚意を受け止めたことを素直に表し、心から感謝の気持ちを示すことが大切です。

経過を知らせる

相手は、けがや復旧状況がどうなのかなど、その後のことを心配しています。ですから、災害後にどのような経過をたどり、現在どうしているかなどをきちんと知らせましょう。

ただし、お礼状はいただいたらすぐに返信するのではなく、ある程度体調や状況が落ち着いてから書くようにします。状態が優れないうちのお礼の手紙は、無理をさせてしまったのではないかと、かえって相手を心配させてしまいます。

回復・復旧の見込みが立たない場合などは、あえて報告を避けることも相手への配慮となります。また、仕事の関係者に宛てる場合は、迷惑をかけていることを詫びる一文を添えましょう。

前向きな明るい感じで書く

相手にはもう十分心配をかけているのですから、これ以上相手を心配させるようなことを書くのは避けましょう。

状況があまりよくない場合でも、悲観的なことは書かずにできるだけよい面を見つけて、今後に対する前向きで明るい姿勢を見せることが大切です。

文例 130

事故見舞いに対するお礼の手紙

●事故見舞いへの返礼 ●手紙 ●30代男性→40代男性

拝啓　初冬の候、ますますご清祥のことと拝察いたしております。

先日は、ご多忙中にもかかわらず、お見舞いに足を運んでいただき、誠にありがとうございました。

温かいおことばに励まされ、大変に心強く、深謝いたしております。また家族の者にもお気づかいいただき、結構なお品を頂戴し恐縮です。

❶おかげさまで順調に回復の経過をたどり、❷今月末には退院の予定で毎日リハビリに励んでおります。

❸業務多忙の折、皆様には多大なご迷惑をおかけしてしまい、誠に申し訳ございません。

今は、早期の業務復帰を目指し、治療に専念しているところですので、しばらくご猶予をくださいますようお願い申し上げます。

❹末筆ながら、職場の皆様にもよろしくお伝えください。

まずは御礼申し上げます。

敬具

●おたよりの理由　多忙中のお見舞に深く感謝し、経過が良好であることを伝えつつ、お礼の手紙を送ります。

書き方のコツ

❶**容態が落ち着いて送る**
お見舞いのお礼は、すぐにではなく、ある程度容態が落ち着いてから書くようにします。

❷**前向きな表現に**
病状報告で文面が暗くなることを避け、明るく前向きな表現を心がけましょう。

❸**迷惑のお詫び**
仕事で迷惑をかけていることをお詫びします。

❹**職場の人へも配慮**
お見舞いは来た人だけでなく、職場の人たちの気持ちも入っています。その人たちへのお礼も忘れないようにしましょう。

●事故見舞いへの返礼 ●はがき ●30代女性→30代女性

文例131

退院の報告とお礼のはがき

●おたよりの理由　退院が決まったことを知らせると同時にお見舞いのお礼状とします。

拝啓　木々の緑がまぶしく感じるころとなりました。岡崎様におかれましてはお元気でお過ごしのことと存じます。

先日は、ご丁寧なお見舞いをいただき、本当にありがとうございました。

おかげさまで、今月末には退院の予定です。しばらくは自宅療養が必要とのことですが、順調な経過をたどっておりますので、ご心配いただきましたが、どうぞご安心ください。

岡崎様とご家族の皆様におかれましても、梅雨空の下、体調を崩されませんようお祈りいたしております。

まずは書中にてお礼まで。

敬具

●事故見舞いへの返礼 ●メール ●20代女性→30代女性

文例132

職場の直属の先輩へお礼メール

●おたよりの理由　退院してリハビリに励んでいることの報告と、お見舞いのお礼をメールで送ります。

先輩へ　佐藤です。
過日は、私の不注意による事故でご心配をおかけしてしまい申し訳ありませんでした。
それにもかかわらず、
温かいお見舞い状ばかりか、御品までいただき、
ありがとうございました。
処置が早かったこともあり、大事に至らずに済み、
今では、自宅と病院でリハビリ治療をするまでになり
順調に回復していますので、どうぞご安心ください。
この調子では、あと２週間もすれば職場復帰もできそうです。
忙しい時期に長期の休暇を取ることになってしまい
みなさんにご迷惑をおかけして、申し訳ありませんでした。
また、ご報告並びにお礼が遅くなりましたこと、
どうかお許しください。復帰後に挽回させてください。
お見舞いのお礼と容態のご報告まで。

文例
133

●火事見舞いへの返礼 ●手紙 ●40代男性→40代男性

取引先の担当者へ火事見舞いのお礼の手紙

①拝啓　向暑のみぎり、松本様には変わらず仕事に励まれていらっしゃることと存じます。
さて、このたびの火災に際し、丁重なおことばとお見舞いを頂戴し、誠にありがとうございました。どれほど励まされたことでしょう。

いくら注意をしていても、もらい火だけはどうにもなりません。家も古くなり子どもたちも成長して手狭になっていましたので、②建て替えのきっかけをもらったと考えることにしました。すると家族は急に元気を取り戻し、後片づけを意外と早く終えることができました。

火事の直後は、呆然としてしまい気落ちが萎えましたが、③今はだいぶ落ち着きました。家族で新居の設計を考える余裕も生まれ、将来のことを考えるようになりました。④頂戴したお見舞いは、新居のための大切な資金にさせていただきます。

御社の皆様にもくれぐれもよろしくお伝えください。

敬具

●おたよりの理由　経過を知らせるとともに、前向きな気持ちで対処している様子をお礼の手紙で伝えます。

書き方のコツ

①**通常の手紙と同様**
いつも出す手紙と同じように、時候のあいさつから始め、相手の様子を伺います。

②**前向きな気持ちを伝える**
火事の直後は意気消沈していたけれども、時間の経過とともに気持ちを立て直し、前向きな姿勢を伝えて相手に安心してもらいます。

③**建設的なことばでお礼を**
将来的に明るい展望が伝わるようにして、お見舞いに対する返礼のことばにします。

④**お見舞い金の使途**
物品やお見舞い金をいただいた場合、その使途を伝え、感謝の気持を表します。

●火事見舞いへの返礼 ●はがき ●40代男性→40代男性

文例134

お得意様の火事見舞いへのお礼のはがき

●おたよりの理由 現在の様子を知らせ、お見舞いに対する感謝を伝え、相手に安心してもらえるはがきを書きます。

拝啓

時下ますますご健勝のこととお喜び申し上げます。

さて、このたびの火災に際しては、さっそく丁重なお見舞いをいただきありがとうございました。またいろいろとご援助までいただき、ご厚情のほど幾重にもお礼申し上げます。

火災の恐ろしさを改めて知ると同時に、皆様の温かいご支援に深く感謝しております。おかげさまで現在では工場を再建することができ、業務も通常通りに戻りつつありますので、なにとぞご休心のほどお願い申し上げます。

早速拝眉のうえお礼申し上げるべきですが、書中をもってご挨拶申し上げます。

敬具

●火事見舞いへの返礼 ●メール ●20代女性→20代女性

文例135

親身になってくれた友人へお礼メール

●おたよりの理由 自身の失火のための火災を心配してくれたお礼と同時に、現在の様子を知らせるメールを送ります。

美奈子さん、陽子です。
お見舞いありがとうございました。
この度は、わが家の小火騒ぎでご心配をかけてしまい
申し訳ありませんでした。
お見舞いまでいただき、感謝しています。
今回のことは、天ぷらを作っているときに火を消さず
玄関で宅配便を受け取っていた最中のことでした。
私の不注意が原因なので言い訳のしようもありません。
多くの人に迷惑、心配をかけてしまい深く反省しています。
今は、火事の後片づけやご近所さんへのお詫びもすませて、
やっと落ち着きましたので、美奈子さんも安心してください。
お見舞いをもらっていながら報告とお礼が
遅くなったこと、許してくださいね。
簡単ですが、無事の連絡とお見舞いのお礼まで。

文例
136

力づけてくれた知人へのお礼の手紙

●地震見舞いへの返礼 ●手紙 ●40代女性→30代男性

●おたよりの理由　経過を知らせるとともに、前向きな気持ちで過ごしている様子を伝え、安心してもらいます。

拝啓　春たけなわの今日このごろ、皆様にはお変わりないことと思います。

さて、❶**このたびは私どもの被災に過分なお見舞いをお贈りいただき、**深謝するとともに家族一同、大いに力づけられました。改めてお礼を申し上げます。

幸いなことに、❷**家屋は部分的な被害ですみ、けが人もなく家族全員で変わらず住み続けています。**電気・ガス・水道はすべて止まりましたが、水は給水車が定期的に巡回してくれるようになり助かっています。ガスはまだ止まっていますが、電気はすでに復旧しました。食料は、被災直後はなかなか手に入りませんでしたが、送っていただいたものや配給されたものもあり、家族ともども元気に暮らしていますので、安心してください。

ただ、❸**今回のことで地震の怖さを痛感するとともに、わが家では、災害に対して食糧を備蓄していませんでしたので、日ごろの備えがいかに大切かが身にしみました。**

まずは、ご報告とお礼まで。

敬具

書き方のコツ

❶**気持ちを素直に表現**

お見舞いに対するお礼の気持ちを素直に伝えましょう。ただ、大げさな表現は避けたほうがいいです。

❷**状況を報告する**

地震などの被害では、相手はどのような状況にあるのかが一番の心配ごとです。被害状況と、その後どのように暮らしているのかを知らせ、安心してもらいます。

❸**結びのことば**

今の気持ちを伝え、結びとします。

●地震見舞いへの返礼 ●はがき ●40代男性→40代男性

文例137 近日中の業務再開を知らせる

●おたよりの理由　業務再開の見込みを報告するとともに、すぐに礼状を出せなかったことのお詫びを伝えます。

前略　この度の地震に際しましては、早々にお心遣いを賜り、厚くお礼申し上げます。また、後片づけなどもあり、お礼が遅くなりましたことを深くお詫び申し上げます。

　報道でご承知のとおり今回の地震は、当地に甚大な被害をもたらしましたが、幸いにも当社の者は皆無事でした。とは申しましても、電気やガスが止まり、余震も続いていましたので、業務を一時休止せざるを得ませんでした。

　今はまだ市内いたる所で混乱が見られますが近日中に通常業務ができる見込みとなりましたので、何とぞご心配なされませんようお願いいたします。

ご報告かたがたお見舞いのお礼を申し上げます。

敬具

●地震見舞いへの返礼 ●メール ●20代女性→20代女性

文例138 安否を心配してくれた知人へお礼メール

●おたよりの理由　被災直後から支援してくれたことへのお礼と、現状を知らせるためにメールを送ります。

井上さんへ
お陰様で家族共々無事でした。ご安心ください。
温かいお見舞いメールをいただき、ありがとうございました。
ご心配いただいたとおり、この度の地震では
わが家でも立っていられないくらいの激しい揺れでした。
なんとか家族は皆無事でしたが、最初の揺れの後、
電気やガスが止まり、余震も続いていましたので
避難所に２日ほど身を寄せていました。
いまはまだ後片づけの作業に追われる毎日ですが、
近所の方々と力を合わせ、少しでも早く元の生活に戻ろうと
がんばっているところです。
落ち着きましたら、改めてごあいさつさせていただきますが、
まずはご報告かたがたお見舞いのお礼を申し上げます。
時節柄、皆様におかれましては、くれぐれもご自愛ください。
高田育美

幼なじみの友達へ経過報告の手紙

●風水害見舞いへの返礼 ●手紙 ●40代女性→40代女性

前略

❶**今回の台風では、心配してくれてありがとう。**また、お見舞いまで贈ってくれてとても感謝しています。本当にありがとう。

今回はこれまでに経験したことのないほどの威力で、❷**家の周辺の大きな木も風で倒れてしまうほどでした。**町内の街路灯も傾き、一部地域では土砂災害も発生するなど、大きな被害がありました。そんな状況の中で、電気・ガス・水道の供給もまだ安定しない事態が続きそうで、後片づけにも時間がかかりそうです。でも、幸いなことに自宅は大きな被害はなく、家族も全員無事だったので安心してください。

連絡が遅くなって、やきもきしていたでしょう。報告が遅れてごめんなさい。

完全にこちらが片付いたらすぐまた連絡します。

❸**こういうときに、近所の方々のありがたさ、知人や友人の大切さをしみじみ感じています。**ゆっくり会えたときにいろいろ話したいと思っています。とりあえず、無事の連絡とお見舞いのお礼まで。

早々

●おたよりの理由　経過を知らせるとともに、前向きな気持ちで対処している様子を手紙で伝えます。

書き方のコツ

❶**感謝の気持を伝える**

まずはお見舞いに対する感謝の気持を述べます。物品や見舞金をいただいた場合、具体的にどう役立ったのかを伝えれば、相手もよかったと思えるでしょう。

❷**被害状況を伝える**

無事であることを伝えると同時に、どんな状況なのかを知らせます。被害が大きい場合は、詳しく書かない方がよいでしょう。

❸**現在の気持ちを伝える**

いまの気持ちを素直に伝えます。今後の前向きな計画も伝えれば、相手は安心できるでしょう。

●風水害見舞いへの返礼 ●はがき ●40代男性➡40代男性

文例140

お得意様の台風見舞いへのお礼はがき

●おたよりの理由　仕事への影響をお詫びし、徐々に復旧している様子をはがきで知らせて安心してもらいます。

川上　様

前略　この度の台風では、大変御心配をおかけしたうえに、早速にご丁重なるお見舞いを頂戴し、心より御礼申し上げます。

台風災害により工場は多少被害を受けましたが、徐々に通常業務に戻りつつあります。本格始動は１週間後を予定しております。これまでの遅れを取り戻す所存ですので、倍旧のご愛顧をいただけますよう、よろしくお願いいたします。

御報告が遅れましたことを深くお詫び申し上げ、誠に勝手ではございますが、御礼に代えさせていただきたいと思います。

この度は色々と御心配をいただき誠に有難うございました。

草々

●風水害見舞いへの返礼 ●メール ●20代女性➡20代女性

文例141

高校からの親友へお見舞いのお礼メール

●おたよりの理由　親友から早々にもらったお見舞いメールに、お礼と現在の様子を知らせる返信を出します。

さやかへ
お見舞いありがとう m(_ _)m　お変わりないですか？
今回の台風では、心配してくれてありがとう。
ウチは大きな被害はなかったから安心してね。
でも、あちこちの家が壊れたり、街路樹なんかも倒れたり、
近くを流れている用水路が氾濫したりと
これまでに見たこともない光景を目のあたりにしました。
後片付けに時間はかかりそうだけど、
近所の人たちと協力して作業を進めていると、
新しい人間関係ができて、まんざらでもない感じです。
心配してくれていたのに、連絡が遅れてごめんなさい。
落ち着いたら、改めてこちらから必ず連絡するね。
さやかも身体に気をつけて仕事、がんばって！
無事の連絡とお見舞いのお礼まで。
佐久間ひとみ

第5章

家族を亡くした人へのお悔やみの文例

家族へのお悔やみ状の書き方

お悔やみ状を出すタイミング

お悔やみ状は、次のようなケースに送ります。

①葬儀に参列できなかった場合

②家族葬などで知らされなかった場合

③葬儀後の安否を気づかう場合

そして、喪中欠礼が届いてはじめて不幸を知った場合は、寒中見舞いなどに替えてお悔やみ状を送ることもあります。

おたよりだけでなく、香典や供物を贈る場合、その案内を兼ねることもあります。

封書で送るのが一般的

お悔やみ状の送り方は、人の死に関わることなので、ほかの人に読まれないように手紙（封書）で送るのが基本です。ただ、葬儀から日数が経ち、回復している様子なら、「落ち着いたら食事を……」など、励ますはがきやメールを送る人も増えています。

頭語などは省く

お悔やみ状は、まず哀悼の意を表すのが第一なので、手紙の決まりごとである「頭語」「時候のあいさつ」などの前文は省いて、いきなりお悔やみのことばから述べるのが通常です。ただし、葬儀から時間が経ち、お悔やみの気持ちとともに励ましの気持ちを伝えるような手紙は、通常のルールに則り前文などを用いてもかまいません。また、「前略」「拝啓」などの「頭語」を略した場合でも結語に「合掌」を用いることはよくあります。

最近は気にされる方は少なくなったようですが、不幸が重なることを連想させる「くれぐれも」「重ね重ね」といった忌みことばは使わないほうが無難です。

文例
142

●親を亡くした人へ ●手紙 ●40代男性→40代男性

仕事で葬儀に行けなかった友人への手紙

●おたよりの理由　仕事で葬儀に参列できなかったお詫びと亡くなった父親の思い出を伝えます。

このたびは、お父上の訃報《ふほう》を同級生の山口から伝え聞き、❶**さぞやお心落としのこととお悔やみ申し上げます。**葬儀に参列させていただきたかったのですが、❷**あいにく上海への出張と重なり、お伺いすることができませんでした。**

思えば君のお父上にはずいぶん面倒をみていただいたように思います。高校時代に度々君の家に泊りに行ったとき、未成年であるにもかかわらず、われわれにビールをご馳走してくれたお父上のことが昨日のことのように思い出されます。❸**とにかく豪快なお父上で、**われわれは憧れたものでした。そんなお父上が病を得られたことはお聞きしていました。長く療養されていたお父上の介護を、病気のお母様に代わって長男の君や奥さんがされていたと聞き、ご苦労が多かったことと拝察いたします。

もう仕事に復帰されているとは思いますが、長く介護をした人ほど、家族に先立たれたショックは大きく、しばらく調子が戻らないと聞きます。❹**落ち着いたら、お父上に可愛がってもらった当時の悪童たちとお父上を偲《しの》び一献《いっこん》傾けたく思います。**ご連絡いただければ幸いです。

書き方のコツ

❶**お悔やみのことば**
どれほど落胆しているか推し量り、お悔やみのことばを贈ります。

❷**参列できなかった理由**
海外出張と重なり通夜・葬儀に参列できなかったことをお詫びします。

❸**故人の思い出**
豪快だった故人の人となりを伝え、その死を惜しむことばを贈ります。

❹**故人を偲んで**
早く回復して、故人を偲んで一献傾けようと提案して結びます。

文例
143

病気で葬儀に行けなかった友人への手紙

●親を亡くした人へ ●手紙 ●50代女性➡50代女性

❶お母様のご逝去《せいきょ》に接し、深く哀悼《あいとう》の意を表します。

お母さまが病に倒れてから、介護されてきた久美子さんのご苦労と、今回のご不幸を思うとおかけすることばも見つかりません。

お通夜から葬儀と気疲れも大変だったと推察いたします。本来であれば通夜・葬儀に参列させていただき、お近くでお慰めもできたでしょうが、❷あいにく、先月入院し、お悔やみに伺うことができませんでした。いまは退院し自宅療養を続けています。

亡くなられて1カ月ほど経ちました。❸一昨年、母を亡くした私の経験では、このころがいちばん故人の思い出がよみがえり、あれもしてあげればよかった、これもしてあげられたらと後悔することも多かった時期でした。また、ちょうどいまは季節の変わり目。それでなくても体調をこわしやすい時期です。どうかお心やすらかに、お身体をいたわりくださいませ。

なお、お母様は生前、百合の花が好きとお聞きしていました。❹別便でお贈りいたしましたのでご霊前《れいぜん》にお飾りいただければと思います。

かしこ

●おたよりの理由　入院のため葬儀に出られなかったことを詫び、故人が好きだった花を贈ったことを案内します。

書き方のコツ

❶お悔やみのことば
「ご冥福を心よりお祈りいたします」「突然のことで胸がふさがる思いです」などの表現も。

❷参列できなかった理由
入院中であったことと、その病気は回復していることを伝えます。

❸自分の経験
自分の経験を引き合いに出し、母親を見送った家族のつらい思いへの理解を示します。

❹ご霊前へ
別便で花を贈ったことを案内します。

文例
144

● 親を亡くした人へ ● 手紙 ● 30代男性→40代女性

親の葬儀を知らなかった職場の先輩への手紙

❶**このたびは、ご母堂様がご逝去されたとのことを伺い、**心からお悔やみ申し上げます。わたしが転職し、前川先輩の職場から離れ、かれこれ3年。前川先輩に指導いただいたことは、いまの職場でも大変役に立ち、感謝の思いを新たにするばかりです。そんな先日、同僚だった桑原さんに業界のイベントで偶然お会いしたとき、前川さんのお母さまの悲報を耳にしたしだいです。

新入社員のとき、社宅から近くだった前川先輩が、わたしを夕飯に招待してくれたことがありました。ご主人と息子さん、そして同居されていたお母さまから大変な歓待を受け、故郷の自分の母親を思い出したものでした。❷**お母様の自慢のちらし寿司をお腹いっぱいいただきました。**「若い人はどんどん食べなさい」と明るく勧めてくれた顔は、昨日のことのように思い出されます。

本来であれば、ご霊前に線香を上げに伺いたいのですが、年度末を控えて休日出勤も多く、すぐに伺うことができません。❸**心ばかりのものを同封いたしましたのでご霊前にお供えいただきたく存じます。**季節の変わり目、前川先輩には、お心落としのことなくご自愛のほどを。

❹**合掌**

● **おたよりの理由**　元の職場の先輩の母親の死。お悔やみとともにお世話になった故人への感謝の気持ちを伝えます。

書き方のコツ

❶頭語などの省略
お悔やみの手紙では、頭語や時候のあいさつを省き、お悔やみのことばから入るのが一般的です。

❷故人の思い出
故人の思い出を語り、感謝の気持ちをつづります。

❸香典を同封
香典を霊前に供えてもらいたいことをお願いします。

❹結語の「合掌」
お悔やみ状は「頭語」「結語」を省くことが多いですが、「合掌」という結語を用いることもできます。

文例
145

●親を亡くした人へ ●手紙 ●60代女性➡40代女性

遠方の葬儀で出席できなかった友人からの手紙

●おたよりの理由　遠方で葬儀に参列ができなかったケース。お悔やみ状と香典を贈り、故人の冥福を祈ります。

ご実家での葬儀は、無事済まされたことと思います。

❶**このたびは大切なお母様を失い**、お心落としのことと拝察いたします。

大久保さんがよく話されていたお母様のことなので、とても身近に感じられ、私まで悲しい気持ちになりました。

昨年末にお母様が倒れられたあと、春を待つ間もなく回復したと喜んでいらっしゃったのに……。大久保さんの悲しみはいかばかりかと想像に余りあります。本来であれば、お悔やみに伺いたいところでしたが、❷**遠方でのご葬儀のためにそれもかなわず**失礼いたしました。

同じ音楽サークルの仲間と相談し、❸**心ばかりの額を贈らせていただきます**。ご霊前《れいぜん》にお供えいただければ幸いです。仲間6人でお贈りするものですが、もとよりお返し等の心づかいをされないようにお願いいたします。

6人が望むことは、大久保さんが早く元気になられ、会の集まりに復帰してくださることです。❹**また元気な顔を見せてください**。

まずは書中にて失礼いたします。

合掌

書き方のコツ

❶**お悔やみのことば**
頭語などの前文を省くとき、「このたびは」は使いやすい出だしのフレーズです。

❷**葬儀に参列できない理由**
故郷で葬儀が行われるときなど、遠方の場合は参列できないことも多いので説明します。

❸**香典を贈る**
香典を贈ったことを伝え、ご霊前に供えてくれるようにお願いします。

❹**励ましのことば**
早く元気になり、会えることをお祈りします。

●親を亡くした人へ　●はがき　●50代女性→30代女性

文例146

立ち直れていない友人を心配してのはがき

●おたよりの理由　サークルの代表から母親を見送った葬儀後の安否を気づかい尋ねながら、心の回復を祈ります。

貴子さん　いかがお過ごしでしょうか？　葬儀のあとの始末やら法要やらで、さぞやご苦労が多かったのではと拝察しています。思えば、貴子さんとお母様はとても仲のよい親子で、何でも話せる姉妹のようだ、とおっしゃっていたのを記憶しています。そんなお母様を急に亡くされたのだから、ご心痛のほどをお察しいたします。
テニスサークルのメンバーのみなさんも心配して、貴子さんの豪快なスマッシュが見られないとさみしがっています。少し落ち着いたら、ぜひ一度サークルに顔を見せてください。その日を心待ちにしています。

かしこ

●親を亡くした人へ　●メール　●40代男性→30代男性

文例147

励ますために食事会に誘うメール

●おたよりの理由　学生時代の先輩から後輩へ、葬儀のあと落ち着いてから食事に誘うメール。

山本和也　様
お父上のご不幸、あらためてお悔やみ申し上げます。
葬儀の日は、忙しい様子だったので、
声もかけずに失礼しました。
山本は長男と聞いているので、残された母親を助けて、
諸事の後始末が大変だったろう。
納骨・四十九日法要も済まされたと聞いています。
少しは心の整理もついたでしょうか。
そこで、剣道部のOB会の木村さんから、
山本を励ます会をしようという提案がありました。
山本が出席できるようなら、こちらで段取りをします。
ひさしぶりに山本の元気な顔も見たいので、
ぜひこの話に乗ってくれませんか。
それでは、その日を楽しみに。
栗本洋二

文例
148

母親を家族葬で送った友人への手紙

●親を亡くした人へ　●手紙　●40代女性→40代女性

●おたよりの理由　家族葬で身内を送った友人などには、葬儀の連絡がなかったことには触れないのがマナー。

このたびは、突然のご不幸、どんなにお悲しみのことか心からお悔やみ申し上げます。❶**すでにお葬儀はお身内の方で済まされたとごあいさつ状をいただき**、ご冥福《めいふく》を祈るばかりです。

半年ほど前から佳代子さん自身、少し元気がなかったのは、お母様があのころから入退院をくり返しておられたのですね。気がつかなかったとはいえ、無理に食事にお誘いしたこともありましたね。申し訳ありませんでした。

まだご不幸から日が浅く、心の整理がつくのは先のこととは思いますが、❷**もし、私でよければ、気晴らしに声をかけてください**。お母様の思い出などお聞きして、お慰めできることがあるかもしれません。

なお、ごあいさつ状に供物・供花などの心づかいをご遠慮なさるとのご案内でしたので、❸**書面にて失礼いたします**。

もし、お許しいただけるようなら、後日、お母様にお線香を上げにお宅に伺いたいと思います。それでは、お会いできる日を心待ちにしております。

かしこ

書き方のコツ

❶家族葬の事情
故人の遺志や高齢によって身内だけで葬儀を行う喪家が増えています。「葬儀に参列したかった」など事情を慮らない書き方はマナー違反です。

❷面会のお誘い
心の傷が癒えたら会いたいと申し込みます。

❸供物などの遠慮
香典や供物などを遠慮している場合、手紙だけにとどめておいたほうが相手に負担をかけずに済みます。

● 親を亡くした人へ ● はがき ● 60代男性→60代男性

文例149 法要に出席できない断りのはがき

● おたよりの理由　招かれた法要に出席できないことを「出欠の返事」とは別にはがきでお詫びします。

拝復　お父上の三回忌法要にお招きいただきましたが、あいにく当日はいちばん下の娘が結婚式を挙げます。同じ社宅で貴君にも可愛がっていただいた末っ子の翔子です。

　せっかくのお招きをお受けすることができず、大変申し訳ありません。

　思えば、お父上が亡くなって2年が経過しますが、つい昨日のことのように思い出されます。一周忌法要のときにお目にかかったお母様は健やかにお過ごしでしょうか。お父上を亡くされてさびしいことと存じますが、貴君の世話を受け、いつまでも元気でいらっしゃることをお祈りします。

　それでは、お父上の魂《みたま》の安からんことをお祈りして……。

敬具

● 親を亡くした人へ ● はがき ● 50代女性→50代女性

文例150 喪中欠礼のはがきをもらって

● おたよりの理由　年末に受け取った喪中欠礼のはがきで、不幸を知った相手に寒中見舞いでお悔やみと励ましを述べます。

寒中お見舞い申し上げます。

　このたびは、お父様を亡くされたことを、喪中欠礼のはがきで知りました。師走に亡くなられたということは、年が明けてもまだ落ち着かないことでしょうね。ずっと同居されていたとお聞きしていたので、さぞやお心落としのことと思います。残されたお母様が心配ですが、学生時代にお会いしたお母様はいつもにこにこされていて元気で明るい方でした。お父様を亡くされても、きっと乗り越えていかれることでしょう。それよりも、お父さんっ子だったあなたが心配です。少し落ち着いたら、まめ子やよっちんを誘って、豪華なランチにでも行きませんか？　その日を楽しみにしています。

文例
151

葬儀に参列できないお悔やみの手紙

●夫を亡くした人へ ●手紙 ●40代女性→50代女性

●おたよりの理由　葬儀にどうしても参列できないときには、香典といっしょにお悔やみ状を送ります。

このたびは、ご主人様のご逝去《せいきょ》の知らせに接し、どんなことばをおかけしていいものやら、思いつきません。突然のご不幸にさぞやご心痛のことと拝察申し上げます。ご入院加療中のご主人様のご容体が好転してきた、と先日お伺いしたばかりのことなので、ただ驚くばかりです。

通夜式・葬儀・告別式が来週、執り行われるとお聞きしましたが、❶**大変申し訳ありませんが**、どうしても仕事の都合がつかずお見送りすることができません。どうぞ、お許しください。後日、あらためてお線香を上げにお伺いいたします。些少で恐縮ですが、❷**心ばかりの香料を同封させていただきました。**ご主人様のご霊前《れいぜん》にお供えいただければ幸いに存じます。

ご主人様の看護からご臨終《りんじゅう》、ご葬儀の準備と、休む暇もなく過ごされていることと存じます。❸**あなた様のお身体が心配でなりません。**

幸い通夜まで少し時間があるようです。その間に看護の疲れを癒され、ご主人様をゆっくりお見送りできますようお祈りいたします。

❹**ご主人様のご冥福《めいふく》を心よりお祈り申し上げます。**

書き方のコツ

❶お参列できないお詫び
参列できない理由を述べるのが一般的ですが、とくに理由を説明しなくても失礼にはなりません。お詫びとともにお悔やみを述べます。

❷香典の説明
香典を同封したことを説明し、霊前へ供えてくれるように頼みます。

❸妻の身体をいたわる
看護・臨終・葬儀・後始末など遺族は休む暇もないので、体をいたわるよう助言します。

❹冥福を祈る
最後にあらためて、故人の冥福を祈ります。

文例 152

●夫を亡くした人へ ●手紙 ●30代女性→30代女性

遠方の友人へのお悔やみの手紙

●おたよりの理由　家族ぐるみで交流のあった友人に、葬儀に行けなかったお詫びを兼ねたお悔やみの手紙です。

❶**謙一さんのことをお聞きして**、本当に驚いています。

❷**謙一さん、織江さんがわざわざわが家を訪ねてくれて**、いっしょに大雪山に登ったのは昨年の夏のことでした。大いに飲み語った3日間でした。学生時代ボート部に在籍されていたという謙一さんは、「頑丈なだけが取り柄」と笑っておっしゃっていたのに。乱暴な運転の交通事故に巻き込まれての災難なんて、織江さんにとっては悲しみと怒りがこみ上げてくるような心情かとご推察いたします。どうお慰《なぐさ》めしてよいかことばも見つかりません。

本来であれば主人といっしょにお見送りに伺いたかったのですが、❸**ちょうど集落での田植えの時期で1日も留守にすることができません**。どうぞ、ご寛容のほどお願いいたします。気持ちだけですが、お香典を同封いたします。ご霊前にお供えいただければ幸いです。

葬儀を済まされても、これからしばらくはあわただしい日が続くことと思います。❹**数年後でも、落ち着かれたら、謙一さんの供養《くよう》にいっしょに**大雪山に登りませんか。その日を楽しみにしています。

かしこ

書き方のコツ

❶**訃報に接して**
訃報に接して驚いた書き手の感想を素直に表現します。「信じられない気持ちです」「耳を疑いました」なども。

❷**故人の思い出**
故人と過ごした思い出を語り、突然の不幸を悔やみます。

❸**葬儀に伺えない理由**
農繁期と重なったために行けなかったことをお詫びします。

❹**数年後の誘い**
回復したら、また思い出の山にいっしょに登らないかと誘って励まします。

文例
153

●夫を亡くした人へ ●手紙 ●50代女性→50代女性

葬儀に参列できなかった友人からの手紙

●おたよりの理由　外出がままならないこちらの事情を説明し、葬儀に参列しなかったお詫びをします。

このたびはご主人様が急逝《きゅうせい》されたとの悲報を承り、心よりお悔やみ申し上げます。❶**おふたりのお子様の成人を前にして、**さぞやご無念であったものとお察し申し上げます。

昨年、あなた様にお会いしたとき、ご主人様が難しい病気を患っているとお聞きしたように記憶しています。その後、とくにお聞きしていなかったので、全快したものと思っておりました。

それが、こんな日を迎えるなんて、あなた様の悲しみも想像に難《かた》く、どうお慰《なぐさ》めしていいかわかりません。ご落胆もさぞや大きいものと存じますが、お子様のためにも、❷**どうかお心を強くお持ちください。**

あなた様のいまの心情を察すれば、すぐにでも駆けつけてお悔やみを申し上げたいところですが、❸**あいにく義父の介護で家を空けることがままなりません。**心ばかりのものを同封いたしましたので、ご霊前《れいぜん》にお供えいただきたくお願い申し上げます。

❹**ご主人様のご冥福《めいふく》を心よりお祈り申し上げます。**

書き方のコツ

❶**故人への同情**
残されたお子さんの話題に触れ、故人への同情を述べます。

❷**今後への励まし**
これからの生活に対する励ましのことばを述べます。「どうかお気持ちを強く持たれますように」など。

❸**こちらの事情**
義父の介護のために葬儀に参列できないこちらの事情を説明します。

❹**冥福への祈り**
最後に故人の冥福を祈り結びとします。

文例 154

夫を家族葬で送った妻への手紙

●夫を亡くした人へ ●手紙 ●70代女性→70代女性

❶**拝復** このたびは、ご主人様の突然のご不幸、心よりお悔やみを申し上げます。何も知らずに接していましたが、❷**一昨年、余命3カ月と宣告されていたなんて、**はじめて知り驚いています。

宣告されたにもかかわらず、結局2年近く生き延びられたこと、この2年の間のことがあなた様もこれからの人生の支えになるということ、葬儀は身内だけで執り行なってほしいというご遺志《いし》があったことなどが、あなた様からいただいた手紙に詳しく書かれていました。余命が奇跡的に延びたのは、❸**あなた様の懸命な看護によるものに違いありません。**何度も読み返すたびに涙が止まりませんでした。本当にがんばりましたね。

ご主人様もさぞ安らかに逝《い》かれたことと拝察いたします。いまは心にポカンと穴が開いたような毎日を過ごされているのではと心配しています。

あなた様が落ち着かれたら、❹**お線香を上げに伺いたい**と思います。また、ご連絡をさせてください。

失礼ながら書中をもってご主人様のご冥福《めいふく》をお祈りいたします。

敬具

●**おたよりの理由** 家族葬で見送ったという手紙をいただいた相手に、ていねいなお悔やみ状を送ります。

書き方のコツ

❶**頭語**
お悔やみでは頭語などの前文を省略するのが一般的ですが、いただいた手紙への返信なので「拝復」を用います。

❷**はじめて知った事実**
余命を宣告されていた事実を知った驚きを相手に伝えます。

❸**相手へのねぎらい**
2年間懸命に看病した相手へねぎらいのことばをかけます。

❹**あらためての弔問**
落ち着いたらお参りに行きたい旨を告げます。

文例155

お別れの会の案内状をもらって

●夫を亡くした人へ ●手紙 ●50代女性→70代女性

●おたよりの理由　お別れの会の案内状をもらい出席の返事とともに、お悔やみの気持ちを手紙に託します。

拝復　このたびはご主人様の突然のご不幸、おかけすることばも見つかりません。お見送りさせていただきたいと思いましたが、葬儀はお身内だけで執り行われたとのこと。❶**お別れの会のご案内をいただきまして、**出席の票を同封させていただきます。

定年後は、ご主人様と百名山の登山を達成されるなど、おふたりで心ゆくまでシニアライフを満喫されていたご様子。もうすぐ主人が定年に達する私たち夫婦にとりまして、❷**鈴木様ご夫婦は、目標のような、参考書のような存在でした。**もっとも、私たちではとても定年後をのんびり過ごすゆとりなどはありませんが。いずれにしても、鈴木様ご夫婦がいつまでもお元気で先を歩んでおられる姿が私たちの大いなる励みでした。

それが今回の突然のご逝去《せいきょ》です。❸**いまだに信じられない気持ちですが、**奥様にとっては、かけがいのない人生のパートナーを失われ、茫然自失の毎日を過ごされているのではないかと心配しています。❹**どうか、お心安らかに、過ごされますようお祈り申し上げます。**

敬具

書き方のコツ

❶**お別れの会の案内**
最近は、家族葬を行ったあとお別れの会を開く葬儀が増えています。その間にお悔やみの手紙を送る例です。

❷**生前の夫婦の様子**
生前のふたりを目標にしていたことを告げて、敬意を表します。

❸**突然の不幸**
逝去の知らせがいまだに信じられないと告白します。ほか表現として「いまだに現実と捉えることができません」など。

❹**どうか、心安らかに**
大きな悲しみを乗り越えられることをお祈りいたします。

文例 156

●夫を亡くした人へ ●手紙 ●40代女性→30代女性

1カ月ほどしてからの慰めの手紙

●おたよりの理由 夫の逝去から1カ月、後始末がひと段落して悲しみがぶり返す時期に励ましの手紙を送ります。

❶**拝啓 ようやく春らしい陽気になりましたが、**いかがお過ごしでしょうか。

このたびは、出張先のバンクーバーでご主人様が急逝《きゅうせい》されるなんて、あまりにも突然の出来事で、ご心痛いかばかりかと拝察申し上げます。

葬儀では気丈にふるまっておられましたが、❷**その姿が逆に深い悲しみを感じさせ、**思わずハンカチで目を拭きました。小学生のお子様がふたり、瑛子さんの横で健気《けなげ》に低頭していた様子も参列者の涙を誘うものでした。

葬儀から1カ月、葬儀の後始末、各種の手続き、法要の準備やご主人様の実家とのやりとりなど、心を落ち着かせる暇もないかもしれません。お子様たちの心のケアも大切になってくるでしょう。

ただ、お子様たちの成長が瑛子さんのこれからの支えになると思うので、❸**お心強く、日々お過ごしいただきたい**と思います。もし、今後のことでご相談に乗れるようなことがあれば、私でよければお声をかけてください。元会社の先輩として、❹**できる限りお力になりたいと思います。**

それでは、一日も早く瑛子さんに笑顔が戻りますように。

かしこ

書き方のコツ

❶**前文**
葬儀後1カ月が過ぎ、お悔やみ以上に励ましの意味の手紙なので「前文」を省かずに書きます。

❷**葬儀での印象**
葬儀の席で気丈にふるまっていた相手の姿に感動したことを伝えます。

❸**励ましのことば**
深い悲しみから立ち直り、早くいつもの日常に戻れるように励まします。

❹**助力の申し出**
元の会社の先輩として（就職の世話など）助力を申し出ます。

文例
157

恩師からの励ましの手紙

●夫を亡くした人へ ●手紙 ●60代男性→30代女性

●**おたよりの理由** 高校時代からのカップルの男性が死亡。妻にあてて恩師から励ましの手紙を送ります。

拝啓　藤枝君が亡くなって半年が過ぎました。❶**葬儀から法要・納骨など、さぞやあわただしかったことでしょう。**一昨年の正月にふたりで拙宅に年始に見えたとき、卒業年度が違う教え子が大勢集まり大宴会になってしまったことがありましたね。

同級生で結婚したのは君たちふたりだけで、ずいぶん冷やかされていました。ラグビー部の藤枝君と吹奏楽部の梅田さん、❷**お似合いのカップルにみんな嫉妬を感じたのかもしれません。**高校時代からつき合い始めていたことを、みんなの前で告白したら、何杯もお酒をすすめられ、結局終電に間に合わず夜を明かしてしまった一夜が昨日のことのようです。

❸**その後、悪い病気に罹《かか》ったという知らせを藤枝君から聞いたとき、**現代医学では不治の病ではない、と励ましたことが、いまでは空しいことばになってしまいました。身近な好漢を喪い、私も残念でなりません。

❹**仕事のほうは順調ですか？**　そのうち落ち着いたら、また拙宅のほうに遊びに来てください。お待ちいたします。

敬具

書き方のコツ

❶**喪主へのいたわり**
不幸があったばかりなので、喪主として葬儀を執り行った相手をいたわります。

❷**ふたりの印象**
お似合いのカップルだったと、恩師から見たふたりの印象を伝えます。

❸**故人の病気**
故人から聞いた病気の経緯について語ります。

❹**今後の生計への心配**
踏み込んだ内容ですが、恩師として今後の生計を心配するとともに、顔を出すように促します。

●夫を亡くした人へ ●はがき ●20代女性→20代女性

文例158

お別れの会に招いてくれたお礼のはがき

●おたよりの理由　友人たちが主催するお別れの会に出席の返事に代えて送る、お悔やみと励ましのはがき。

このたびは亨さんのこと、本当に残念で悲しい気持ちでいます。

お身内だけで葬儀を済まされ、亨さんや静香さんの友人たちでお別れの会を開かれるとのこと。ぜひ出席させてください。学生時代のご友人、社会人になってからのご友人、人との交流が大好きだった亨さんのことですから、さぞやたくさんの方が出席されることでしょう。

まだ、亡くなって日が経っていないので、静香さん自身、ショックから立ち直れていないとは思いますが、どうか心安らかにお過ごしください。

送る会でお会いできるのを楽しみにしています。

亨さんのご冥福《めいふく》を心からお祈りいたします。

●夫を亡くした人へ ●メール ●60代女性→60代女性

文例159

サークルに出てくるように促すメール

●おたよりの理由　夫の死後、落ち込んで会に出席しなくなった友人に、出席を促す励ましのメールを送ります。

前田典子　様
お元気ですか?　窓を開ければ、遠く見える富士の山も、
すっかり綿帽子をかぶる季節になりました。
このたびはご主人のこと、お悔やみ申し上げます。
あれから、ボランティアサークルに顔を見せないので
心配でメールを差し上げました。
何もしたくないほど落ち込まれたのでしょうが、
何かをしているほうが気が紛れてよいのではないかしら。
娘さん一家と同居されていると伺っています。
あなたが元気でいることが一番の娘孝行ですよ。
サークルの仲間も典子さんに会いたがっています。
お節介で恐縮ですが、ぜひ定例会へ足をお運びください。
その日を楽しみにお待ちいたします。
木元久美子

文例 160

●妻を亡くした人へ ●手紙 ●30代男性→30代男性

仕事で葬儀に出席できなかった友人からの手紙

●おたよりの理由　奥さんをよく知る友人からのお悔やみ状。仕事で葬儀に行けなかったお詫びも兼ねています。

このたびは、❶**佐由里さんのこと**、驚くとともに、耕太郎の心のうちを察するとかけることばもみつかりません。心よりお悔やみ申し上げます。

佐由里さんの病気が発覚したのは昨年の春のことでした。久しぶりに中学時代の悪友が集まった席で、君がぽつりと話してくれました。早期の発見だったのでよかった、と明るい顔で言ったのを覚えています。あのあと、何回か同じメンバーで集まったのですが、君は顔を見せなかったので、実はみんな心配していました。

みんなで通夜に参列させてもらおうと話していたのですが、❷**ちょうど自分が担当するクライアントに事故があり**、私だけ伺うことができませんでした。申し訳ありません。

メンバーの木村の話では、四十九日法要に中学時代の仲間も招いていただけるとのこと。❸**もし、招待してくれるなら出席し供養《くよう》させていただきたいと思います**。なお、些少ですが、心ばかりの香料を同封させていただきましたので、❹**佐由里さんのご霊前《れいぜん》にお供えいただきたく**、お願いいたします。

書き方のコツ

❶**故人の名前**
親しい間柄であれば、「奥様」とせず名前を書いてもいいでしょう。

❷**葬儀を失礼した理由**
通夜・葬儀に参列できなかった理由を簡単に伝えます。

❸**法要への出席**
法要に招いてくれるなら出席したいとお願いします。

❹**ご霊前**
一般的に、四十九日までは「ご霊前に供える」、それ以降は「ご仏前に供える」とします。

文例
161

●妻を亡くした人へ ●手紙 ●40代男性→50代男性

遠方の葬儀で出席できずに送る元上司への手紙

このたびは、奥様の突然のご逝去《せいきょ》、❶**ただ茫然とするばかりです**。心よりお悔やみ申し上げます。

私が九州支店に赴任したときはまだ独身で、先輩のお宅にお邪魔してはいつもお世話になりました。玄界灘の魚を捌いていただいたときのおいしかったこと。❷**奥様の手料理を楽しみに何度お伺いしたことか**。さぞやご迷惑をおかけしたことと、汗顔《かんがん》の至りです。奥様にはひとかたならないお世話をいただきました。ご存じのように、私は昨年、東京本社から、商圏としてはまだ新しい秋田支店に配属になり、新規開拓の日々を送っています。

訃報《ふほう》をお聞きしたときは、すぐにでも福岡に飛びたかったのですが、❸**なにぶん遠方で、月末の多忙な時期でもあり**、葬儀に参列することができませんでした。大変申し訳ありませんが、香典を同封させていただきましたので、ご霊前にお供えいただきたく、お願いいたします。

❹**とり急ぎ手紙にてお悔やみを申し上げるご無礼をお許しください**。奥様のご冥福《めいふく》をお祈り申し上げます。

合掌

●おたよりの理由　香典を送るとともに遠方で葬儀に参列できないお詫びを兼ねたお悔やみ状を送ります。

書き方のコツ

❶**驚きの表現**
「信じられない気持ちです」「ただ立ち尽くしました」「信じられない気持ちです」など。

❷**故人の思い出**
親切だった故人の思い出を語ります。

❸**参列できなかった理由**
やむを得ず参列しなかった理由を簡潔に説明します。

❹**手紙での失礼のお詫び**
手紙でお悔やみする無礼を許してくれるようにお願いします。

文例
162

●妻を亡くした人へ ●手紙 ●50代女性→70代男性

葬儀後に送る、恩師への手紙

前略　同級生の島田君からの連絡で奥様のことを知りました。先生のご落胆を思うと❶**おかけすることばが見つかりません。**

高校で私たちの担任をしていただいていたときに、先生は奥様と親しくなられたと記憶しています。音楽教師としてヨーロッパの視察旅行に出かけられたとき、北陸のほうの学校の奥様と知り合われたとか。「ウイーンの恋ですね？」と申し上げたら、「親しくなったのはミラノです」と生真面目に答えられた先生の顔が忘れられません。大学生の夏休みに一度、島田君たちと先生のご自宅を訪問させていただいたことがありました。緑豊かな丘の上の瀟洒《しょうしゃ》なご自宅は奥様の趣味だったのでしょうか？　奥様のピアノ演奏で外国民謡などを歌いました。❷**私たちにとっては青春の素晴らしい思い出です。**

あの笑顔がすてきな奥様がもうこの世にいらっしゃらないと思うと、人の世の運命の過酷さを思うばかりです。どうか、先生にはお心強く、この風雨を乗り越えていただきたいと存じます。

❸**天国の奥様の御霊《みたま》が安らかなれとお祈りいたします。**

かしこ

●**おたよりの理由**　妻を亡くした高校時代の恩師へ元教え子の女性からの手紙です。

書き方のコツ

❶**同情のことば**
「どのような声をかけていいかわかりません」「どのように慰めていいかわかりません」「お心のうちをお察し申し上げます」。

❷**故人の思い出**
故人の人柄を思い返し、青春の日々を回想します。

❸**天国の御霊**
キリスト教でよく表現されますが、キリスト教徒でなくても使われることがあります。

文例
163

●妻を亡くした人へ ●手紙 ●70代男性→70代男性

妻を亡くした友人へ自分の経験談を伝える手紙

●おたよりの理由　妻を亡くした自分の経験を記し、深い悲しみから立ち直れるように励まします。

このたびは、お内儀のご不幸、衷心《ちゅうしん》よりお悔やみ申し上げます。①**芹沢さんをはじめご家族の皆様のご傷心《しょうしん》はいかばかりか**とお察し申し上げます。すでに葬儀はお身内で済まされたとご案内をいただき、ああ、②**ご家族だけでゆっくりお見送りしたかったのだろう**と推察したしだいです。

お内儀とは面識がありませんが、丈夫だけが取り柄でこれまで病気1つしたことがない、と芹沢さんはいつも謙遜ともノロケともとれる言い方でおっしゃっていました。持病の薬が手放せないわれわれから見たら、うらやましい限りでした。聞くところによると、くも膜下出血で急逝《きゅうせい》されたとか。芹沢さんの無念さは想像に余りあります。

③**私もご存知のように一昨年妻に先立たれました。**人の命には限りがあるとは、だれでも心得ていることでしょうが、いざ身近な人間を亡くした者にとっては、悔やんでも悔やみきれない思いがこみ上げてくる毎日だと思います。ただ悲しんでばかりいると、お内儀も安らかに眠ることがかないません。④**どうか心を強くお過ごしください。**

書き方のコツ

①**お悔やみのことば**
送った相手だけでなく家族へのお悔やみも述べます。

②**家族葬への感想**
最近増えている家族葬。弔問できなくても、肯定的なことばをかけましょう。

③**自分の経験**
悲しい出来事も自分だけではない、とこちらの経験を伝えて慰めます。

④**励ましのことば**
これからの人生に向けて励ましのことばを送ります。

文例
164

家族葬で送った遠縁の親戚への手紙

●妻を亡くした人へ ●手紙 ●40代女性→50代男性

●おたよりの理由　家族葬で見送った夫に、手紙で弔意を伝えます。故人の思い出を涙でつづります。

このたびは、節子さんのご逝去《せいきょ》、あまりにも突然のことなのでほんとうに驚きました。節子さんのご遺志《いし》で、**❶家族だけでお見送りされたと聞き**、自然を愛し、草木染めの編み物教室を開いていた節子さんらしいなと感じ入りました。

節子さんとは毎年、親戚が集まる田舎のお盆でお会いしましたが、去年お会いしたときに体の不調を訴えておられたので心配していました。田舎では、子どもといっしょに川遊びをしたり、夜遅くまでビールをいただいたりして、毎年お盆が来るのを心待ちにしていました。

今年に入り、**❷節子さんから直接電話をいただき**、重篤な病気のことを知りました。余命を宣告されていたにもかかわらず、取り乱すことなく静かな口調で、田舎での夏の思い出を語ってくれました。あの電話は最後のお別れのつもりだったのでしょうか。**❸思い出すたびに涙が止まりません。**今年の夏も主人といっしょに帰郷するつもりです。その節は、ぜひお伺いし、**❹お盆に帰っていらっしゃる節子さんにお会いできればと思っています。**

それでは、節子さんの御霊《みたま》の安からんことをお祈りして。

かしこ

書き方のコツ

❶家族葬の説明
家族だけで送ったことを肯定し、会葬できなかったことを婉曲に詫びます。

❷故人からの電話
亡くなる前にお別れの電話をもらったことを告げます。

❸こみ上げる悲しみ
故人を思い出すと涙が止まらないことを伝えます。

❹新盆の約束
新盆に弔問することを約束します。

文例165

●妻を亡くした人へ ●手紙 ●70代男性→30代男性

父親から妻を亡くした息子への手紙

●おたよりの理由　妻を亡くした息子に父親からの手紙。お墓をどうするか問う内容です。

宏太、早季子さんが亡くなって半年、少しは元気を取り戻したか？ ❶**四十九日法要で会ったときも、顔色がすぐれず心配でした。**早季子さんのお父さんも同じように心配してくれました。宏太と早季子さんは大学生のときに知り合い、10年もつき合ったあとのゴールイン。

それまで、一度も別れ話が出なかったと、これは早季子さんから直接聞いた話です。よほど相性のよい2人だったのだろうね。そんな早季子さんが交通事故で亡くなるなんて。悔しいし、さびしいだろうが、❷**宏太自身が行き詰ってしまったら、早季子さんだって悲しむに違いない。**

❸**まだ早季子さんの遺骨は宏太のマンションにあるのだろう。**東京の近郊に墓地を求めるのか、田村家の代々墓に納骨するのか、一周忌までには決めたらよいと思う。早季子さんのお父さんもお母さんも、このままでは墓参りにも行けない。❹**お金のことなら相談に乗るし、**うちのお墓に入るなら住職に話をつけておきます。

どうか、一日も早く、悲しみから立ち直ることをお祈りいたします。

書き方のコツ

❶息子の様子を心配
四十九日法要で見せた息子の様子を父として心配であることを告げます。

❷息子への励まし
立ち直ることが故人の供養になることをアドバイスします。

❸お墓について
お墓についてどうするつもりか訊ねます。

❹相談に乗る申し出
親としていつでも相談に乗ることを申し出ます。

●妻を亡くした人へ ●メール ●20代女性→30代男性

文例166
家族ぐるみのつき合いの親友への励ましのメール

●おたよりの理由 子どもを通して知り合ったパパママ友だち。ママが亡くなった家族をキャンプに誘います。

真知子さんの四十九日法要は、無事済まされましたか?
圭祐君と麻友ちゃんは元気でしょうか?
うちの2人の子どもたちも、圭祐君と麻友ちゃんは
どうしているのか心配しています。
桑田さんのお宅と3組で河口湖にキャンプに行ったのが
昨日のことのように思い出されます。
真知子さんのいない子育ては、それは大変だと思います。
これは、わが家からの無遠慮な提案なのですが、
今年の夏も、桑田一家と3組でキャンプに行きませんか?
圭祐君も麻友ちゃんも、きっと賛成してくれると思います。
私たちで子どもたちの世話をしますので、
男性陣はゆっくり飲んでいただいてOKです。
どうか、ご一考ください。
山下侑子

●妻を亡くした人へ ●メール ●50代男性→50代男性

文例167
クラス会に誘う励ましのメール

●おたよりの理由 妻を亡くして日が経ち、回復を祈りながらクラス会の出席を誘うメール。

小林雄三　様
ご無沙汰しています。
奥さんのこと、本当に残念で、心からお悔やみ申し上げます。
昨年のクラス会の直前に亡くなられ、
通夜にお伺いしたとき、看病の疲れもあって
げっそりとしていましたね。
昨年のクラス会ではお会いできませんでしたが
今年は、出席できるでしょうか?
クラス会とは別に、何人かでときどき飲むのですが、
君の話題が出ないことがありません。
今度のクラス会でぜひ会いたいと話しています。
どうか、元気な顔を見せてください。
楽しみにしています。
小山内義彦

●妻を亡くした人へ　●手紙　●40代男性→60代男性

文例168
仕事関係者へのお悔やみの手紙

●おたよりの理由　取引先の重役の奥さんが急逝。葬儀に参列できなかったので香典と供花を送ります。

　このたびは、奥様のことを鎌田部長からお聞きしました。急逝《きゅうせい》されたとのこと、さぞや、ご無念のことと胸中をお察し申し上げます。仕事で大変お世話になっている小泉専務の奥様のことですから、すぐにでも駆けつけ葬儀のお手伝いをさせていただきたかったのですが、親しい方を中心にした葬儀だったとのこと。仕事関係者がお伺いするのも失礼と思い自粛しました。

　お伺いできなかった代わりに、わずかばかりで恐縮ですが別便で香料と供花を送らせていただきました。ご霊前《れいぜん》にお供えいただきたくお願い申し上げます。謹んで、お悔やみ申し上げます。

合掌

●妻を亡くした人へ　●はがき　●30代男性→30代男性

文例169
法要に欠席のはがき

●おたよりの理由　法要に招いてくれた友人に、欠席の手紙を送ります。やむを得ず欠席することを詫びて冥福を祈ります。

　このたびは奥様の四十九日法要にお招きいただき、ありがとうございました。亡くなられてから20日ほど経過していますが、まだ深い悲しみが癒えることはないかと思います。あんなに明るく笑顔がすてきな奥さまでしたから、まだ家の中では奥様の笑い声が聞こえる日があるかもしれません。そんな奥様を供養《くよう》する法要ですが、当日はあいにく、私の義理の父親の三回忌法要で山形に行かなくてはならず、出席がかないません。せっかくお声をかけていただきましたのに、大変申し訳ありません。

　とり急ぎ、欠席のご返事とお詫びまで。奥様が安らかに眠られることをお祈り申し上げます。

文例 170

●子どもを亡くした人へ ●手紙 ●30代女性→30代女性

幼い長女を亡くした母親を慰める手紙

●おたよりの理由　同じバレエ教室に通う子の保護者を代表して、香典とお悔やみの手紙を送ります。

このたびは、由紀恵ちゃんのご不幸をお聞きして、母親である玲子さんの悲しみがどれほどかと思い、❶**お手紙を差し上げました。**

私どもの娘より2歳下ですから5歳になったばかりだと思います。同じバレエ教室に通い、由紀恵ちゃんをはじめて教室でお見かけしたときのことはいまでもはっきり覚えています。

❷**目がくりっとした可愛いお子さんで、**幼い年齢にもかかわらず、自分からバレエを学びたいと、はっきりした意志を持って入ってきたのだなと感心しました。それから教室で会うたびに、きちんとあいさつをしてくれ、きっとお母様がしっかりしつけをされているのだろうと推察していました。

水難事故と伺って、お母様のご無念を思うとおかけすべきことばも見つかりません。どうか、心強くお持ちになって、日々をお過ごしください。些少ですが、❸**バレエ教室の保護者の皆様からの志を同封させていただきます。**

由紀恵ちゃんのご冥福《めいふく》をお祈りします。

❹**○○バレエ教室の保護者を代表して。**

書き方のコツ

❶**手紙を出した理由**
子どもを亡くした母親が心配で手紙を出したことを告げます。

❷**故人の思い出**
可愛くて意志のしっかりしていた故人の印象を伝えます。

❸**志を送る**
バレエ教室の保護者からの志を同封することを案内します。

❹**保護者を代表して**
同じバレエ教室の保護者を代表して手紙を書いたことを最後に伝えます。

文例171

仲人から幼い長男を亡くした夫婦への手紙

●子どもを亡くした人へ ●手紙 ●60代男性→30代男性

このたびは、長男圭一君の❶**ご逝去《せいきょ》の報に接し**心よりお悔やみ申し上げます。

君たちご夫婦が圭一君を連れて、仲人のわが家を訪問してくれたのは昨年の正月でした。圭一君は人見知りをしないお子さんで、愚妻の顔を見上げてはニコニコ笑ってくれました。奥さんに似たすっきりとした顔立ちのお子さんだったのを覚えています。

それが思いもよらぬ難病にかかり急逝《きゅうせい》するとは、だれが予想できたでしょう。ほんとうに残念でなりません。君たちご夫婦の深い悲しみを思うと、どんなことばをおかけしていいのかわかりません。❷**どうか、強い心でこの苦難を乗り越えられることを**お祈りいたします。

葬儀に伺いたかったのですが、妻が体調を崩し先月から入院しています。そばにつき添っていなければいけない日もあり、❸**圭一君をお見送りすることができませんでした。**どうかご寛容ください。

❹**些少で心苦しいのですがご香料を同封いたしますので、**ご霊前《れいぜん》にお供えくださいますよう、よろしくお願いいたします。

●おたよりの理由　仲人から幼い子どもを亡くした若い夫婦にお悔やみと励ましの手紙を送ります。

書き方のコツ

❶**ご逝去の報に接し**
言い換えとして「亡くなったとお聞きし」「ご訃報に接し」「悲しいお知らせを聞いて」「悲報をお聞きして」など。

❷**夫婦への励まし**
強い心で乗り越えるしかないとアドバイスします。

❸**葬儀に出なかった理由**
葬儀に出られなかった理由を説明し許しを請います。

❹**香典について**
香典を同封したことを案内します。

文例
172

成人した長男を亡くした父親への手紙

●子どもを亡くした人へ ●手紙 ●50代男性→50代男性

このたびは、ご長男清仁君のこと、ご愁傷《しゅうしょう》様です。

清仁君のことを思い返すと、誕生の日いつもわれわれが勤めるデパートの決算セールのときで、帰るに帰れずやきもきしていましたね。妹さんの誕生、小学校への入学、高校入試、大学の入学と卒業、**❶居酒屋で君からいつも清仁君のことをお聞きし**、立派な青年になったのだろうと推察していました。

そろそろ、縁談でもあるのか、と勝手に想像していたら、**❷思いもよらぬ遭難事故で帰らぬ人となった**とのこと。登山の趣味については、君はいつも心配していたから、さぞや無念のことと想像に余りあります。君ばかりでなく奥さんのことも心配です。**❸2人でこの悲しみを乗り越えてほしいと切に願います。**

葬儀はお身内だけでされるとお聞きしたので遠慮させていただきましたが、落ち着いたら昔の同僚で**❹励ます席を設けたいと思うので**、ご連絡ください。

なお、わずかばかりで恐縮ですが、お香典を別便でお送りいたしましたので、清仁君にお供えください。まずは、お悔やみまで。

●**おたよりの理由**　成人した子を亡くすのも悲しいもの。思い出をつづりながらお悔やみと励ましの手紙を送ります。

書き方のコツ

❶子煩悩な様子
子どもの成長を楽しみに生きてきた相手の子煩悩ぶりを表します。

❷亡くなった原因
遭難事故で亡くなったことに触れます。

❸夫婦への励まし
相手だけでなく配偶者の身も心配し励まします。

❹励ます会
友人たちで励ます会を開きたいので早く回復してくれと祈ります。

文例
173

●子どもを亡くした人へ ●手紙 ●30代女性→30代女性

がんで死んだ子を悼む母親あての手紙

●おたよりの理由　同じ病気の子をもつ母親として、亡くなった子を悼み母親にお悔やみの手紙を送ります。

長く、つらい看護生活を送られ、可愛いわが子をがんによって奪われた運命の過酷さを思うと、悲しみで❶胸が張り裂けそうな思いです。

小児がんと診断されて2年間、貴代美さんの献身的な看護にはほんとうに頭が下がる思いでした。

たまたま病室が同じで、私も私の娘も貴代美さんには大変お世話になりました。❷娘もひとみちゃんとずいぶん遊んでいただき、お姉さんができたようだと喜んでいたのに……。娘はご存じのように先々月退院し、いま自宅療養を続けています。ひとみちゃんのことは定期検診で病院に行ったおり、同室の方からお聞きしました。❸ご葬儀に参列させていただきたかったのですが、すでに2週間近く経過していたので、それはかないませんでした。

もし、お許しがいただけるなら、❹ご自宅をご訪問しひとみちゃんをお参りしたいのですが、よろしいでしょうか？　退院の日からお会いしていないので、一度ゆっくり貴代美さんとお話しさせていただければと考えています。葬儀を済ませたばかりでまだお忙しいことと存じますが、ご連絡をお待ちいたします。

書き方のコツ

❶胸が張り裂けそう
「胸がつぶれそう」「胸がえぐられる思い」など。

❷故人への感謝
同じ病気のわが娘が、故人に世話になったことをあらためて感謝します。

❸葬儀への参列
葬儀について知らなかったので参列できなかったと伝えます。

❹自宅への訪問
葬儀に参列できなかった代わりに自宅にお参りに行きたい希望を伝えます。

文例
174

急死した弟を悼む姉への手紙

●きょうだいを亡くした人へ ●手紙 ●30代女性→30代女性

　このたびは、弟さんの俊也くんのことを聞きました。難しい病気だということは実家の母から聞いていましたが、❶**まだ20代の若さで早世されるなんて、**ほんとうに残念で悲しい気持ちです。親同士が親しくさせていた関係で、亜津子さんとも、俊也くんとも小さいころから実のきょうだいのように仲良くしていただき、思い出があふれて涙が止まりません。本来であれば、葬儀に参列させていただきたかったのですが、❷**嫁いだ先の母の体調が芳しくなく、**すぐにはお伺いすることができませんでした。

　実家の母の話では、俊也くんは国立大学の建築学部に進学され、お父様の設計事務所の後継者になるばかりだったと聞いています。そんな有望な青年が道半ばで亡くなるなんて、おかけすることばも見つかりません。❸**心ばかりのものを同封いたしましたので、**俊也くんのご霊前《れいぜん》にお供えいただきたく、お願いいたします。

　❹**おじさまもおばさまも、さぞお心落としのことと思います。**どうか亜津子さんが支えになってくださいませ。

かしこ

●**おたよりの理由**　家族ぐるみでつき合いのある幼なじみの友人へ親をいたわる気づかいも見せましょう。

書き方のコツ

❶**早世を惜しむ表現**
「前途洋洋の年齢で」「将来が楽しみな年齢で」など。

❷**葬儀に行けなかった理由**
遠方のため、自身の体調が悪かったためなど、葬儀に参列できなかった理由は正直に伝えましょう。

❸**同封した香典**
香典を同封したことを案内します。

❹**親への気づかい**
ショックを受けているだろう親への気づかいを見せます。

文例175

●きょうだいを亡くした人へ ●手紙 ●30代男性→20代女性

兄を亡くした妹を心配する親友からの手紙

●おたよりの理由　親友から妹の相談に乗ってくれと頼まれていたことを伝え、早く立ち直れるよう妹を励まします。

❶**お兄さんのこと、ほんとうに残念で、なんと申し上げたらいいのかわかりません。**あなたの兄さんとは、学生時代は毎日のように顔を合わせては、将来について語り合ったものでした。はじめて遊びに行ったのは、あなたがまだ中学生のころでした。はじめは口もきいてくれませんでしたが、何度かお邪魔するうちに、ぼくにも声をかけてくれるようになり、君が大学に合格したときはお祝いに参加させてもらったこともありました。

❷**お兄さんの葬儀では、あなたはずいぶん消沈されていましたね。**大丈夫かなと気になっていました。

お兄さんが亡くなる少し前、お見舞いに行くと君のことをずいぶん心配していました。法律の勉強をしているのだが、進路について悩んでいるとのことでした。❸**法曹界に身を置くぼくに相談に乗ってほしいという依頼でした。**

ぼくでよければ、いつでも相談に乗ります。❹**どうかお兄さんのご不幸から早く立ち直り、**あなた自身が進みたい仕事をめざしてがんばってください。それがお兄さんのいちばんの供養《くよう》になると思いますから。

書き方のコツ

❶お悔やみのことば
親友の死についてお悔やみを申し述べます。「お兄さんのこと、心からお悔やみ申し上げます」「お兄さんの訃報に接し茫然としています」など。

❷妹への心配
葬儀で見かけた妹の様子を心配していることを伝えます。

❸故人の最後の願い
故人から直接依頼された内容。

❹相手への励まし
深い悲しみから早く立ち直れるよう妹を励まします。

文例
176

●きょうだいを亡くした人へ ●手紙 ●30代女性⬇30代女性

死亡から日が経ってからの友人への手紙

●おたよりの理由　仲のよかった兄を亡くしてショックから立ち直れない友人に励ましの手紙を送ります。

❶**拝啓　外出するとき上着を羽織るか脱ぐかためらう季節になりました。**お兄様がお亡くなりなってもうすぐ1年になりますが、いかがお過ごしでしょう。お兄様と仲が良かった響子さんのことなので、相当ショックを受けたことだろうと心配していました。今年の同窓会にも顔を見せなかったので、どうしているだろうとおたよりを差し上げました。

お兄様は30代の若さでお亡くなりになったと聞き、❷**ご遺族はさぞや無念だったろうとお察しいたします。**

高校時代に何度かお目にかかったことがあるお父様、お母様はどうしておられるのでしょう。お兄様は結婚されていると聞いています。奥様やお子様もさぞや悲しい思いをされていることでしょう。響子さんが心の支えになり、早く立ち直られますようお祈りいたします。

同じクラスのみんなも響子さんのことを心配しています。もし、心の整理がついたらご連絡ください。❸**みんなでお食事をしましょう。**

❹**お兄様のご冥福《めいふく》をお祈りいたします。**

かしこ

書き方のコツ

❶**前文をつけて**
お悔やみ状は前文を省くことがありますが、亡くなって時間が経っているので前文をつけて送ります。

❷**遺族への配慮**
30代の若さで亡くなった兄の両親・妻子などの遺族の悲しみを気づかいます。

❸**食事の誘い**
落ち着いたら食事をしようと誘います。

❹**故人の冥福を祈ります**
冥福はキリスト教や浄土真宗では使いませんが、一般用語として使われることが多くなっています。

文例
177

長く患った兄を送った妹への手紙

●きょうだいを亡くした人へ　●手紙　●70代男性→70代女性

このたびは、中本幸一君のご逝去《せいきょ》に際し、心よりお悔やみ申し上げます。
❶**中本君と私は、ご承知のように70年になるつき合いで、**互いに心を許し合った仲です。中本君が離婚し田舎に戻ってからは、妹のあなたがほんとうによくお世話をして、中本君も❷**幸せだったと思います。**60代になってからは持病の糖尿病を悪化させ、入退院をくり返す生活でした。たまに、近くの居酒屋で互いの近況を報告し合うと、❸**いつもあなたへの感謝のことばを口にしていました。**自分の２人の子どもとは音信不通だとさびしそうに語っていましたが、妹さんのお子さんやお孫さんには、とても深い愛情を感じていたようです。いろいろ無茶をしてきた中本君ですが、晩年は妹さんのおかげで幸せだったと推察しています。幼なじみの親友として、厚くお礼を申し上げます。葬儀の席ではお忙しい様子でお声をかけられなかったので、感謝の手紙をしたためました。
　大事なお兄様を亡くし、しばらくは悲しみが癒えない日々が続くでしょうが、❹**どうかお身体をお大事に過ごされますように、**お祈りいたします。

●おたよりの理由　晩年の親友を世話していた妹に、親友が感謝していたことを伝え、お悔やみのことばを送ります。

書き方のコツ

❶**故人と差出人の関係**
自分と故人がどれほど親しかったかを説明し、自分も深い悲しみにあることを伝えます。

❷**「幸せだった」**
「本望だった」「後悔のない人生だった」「満足だった」「生き切った人生だった」など。

❸**妹への感謝**
世話をした妹へいつも感謝していたことを伝えます。

❹**相手への気づかい**
兄を亡くしショックを受けている妹に、体をいたわるように気づかいます。

文例 178

愛犬家仲間へのお悔やみのはがき

●ペットを亡くした人へ ●はがき ●50代女性→60代女性

前略　最近、朝の公園で和田さんをお見かけしないので心配していたら、❶**ケンタロウくんが亡くなったとお聞きしました**。失礼とは存じましたが、お悔やみを申し上げたくて、おたよりを差し上げました。❷**ケンタロウくんにはじめて会ったのは、3年前の桜のシーズンでした**。

うちにハナコが来て、公園に散歩に行くようになってからです。立派なラブラドール・レトリーバーのケンタロウくんをお見かけするようになり、自然に飼い主の和田さんともお話しする機会が生まれました。

❸**犬を飼っていてよかったと思うのは**、いっしょに散歩することで季節の移り変わりが実感できることです。そして、その散歩を通して知り合ったたくさんの子（犬）たちが、みんな自分の家族に思えることです。何人もの子と知り合ったなかで、ケンタロウくんは長男のようでしたね。やさしくて力持ち。そんなケンタロウくんのことです。いまは天国に召されて走り回っていることでしょう。

❹**また、朝の公園までうちのハナコに会いに来てください**。その日を楽しみにしています。　かしこ

●**おたよりの理由**　飼い犬を通して知り合いになった友人に、犬の死を悼むお悔やみのはがきを送ります。

書き方のコツ

❶**飼い主たちのルール**
犬を飼う人の多くは、飼い犬を擬人化し家族同様に扱うことで、同好の人たちとのコミュニケーションを成立させます。

❷**亡くなったペットの思い出**
亡くなったペットとの出会いを伝えます。

❸**ペットを飼っている喜び**
ペットを飼っているよさを紹介しながら、亡くなったペットの思い出を述べます。

❹**散歩への誘い**
犬が亡くなっても、公園に遊びに来るように誘います。

文例179

●ペットを亡くした人へ　●メール　●20代女性➡20代女性

猫好きの友人へのお悔やみのメール

●おたよりの理由　愛する猫を亡くして落ち込む友人にメールで励まします。軽いメールにもいたわりを持って。

❶バイトの先輩から、翔子のおうちのシズちゃんが亡くなったことを聞きました。
あんなにかわいがっていたのに、ショックでしょう。
❷シズちゃんは5年前にふらりとあなたの家に現れてそのまま居ついたと言っていましたね。
年齢はわかりませんが、老衰かもしれませんね。
うちの老犬のサスケも認知症みたいです。

私が遊びに行ったとき、ペットフードを持参するととても歓迎してくれ、すぐになついてくれたのに
うっかりお土産を忘れたら、プイッと
横を向かれてしまったことがありました。
現金な子だなと思いましたが、そんなところが
小悪魔的でシズちゃんの魅力でもありました。
先輩からは、葬儀もして墓地に埋葬したと聞きました。バイト仲間も心配しています。
❸落ち着いたら、またいっしょに仕事をしましょう。
翔子らしい元気な顔を見せてください。
あなたを心配する犬好きの友人より。

書き方のコツ

❶いきなり本題
メールの書き方にとくにうるさい決まりはなく、本人同士が理解し合っていればどんな書き方もOK。前文を省きいきなり本題に入る例です。

❷亡くなった猫の思い出
亡くなった猫がどのように飼い主の家に居つくことになったか、思い出を語ります。

❸励ましのことば
落ち着いたら早く職場復帰してほしいと促します。

お悔やみへの礼状の書き方

お悔やみ状への礼状は早めに出すのがマナー

お悔やみ状は、やむを得ない事情で通夜・葬儀に参列できなかったときや、亡くなってから時間が経ってから励ましの目的で送られることが多いようです。

そうしたお悔やみ状への礼状は、なるべく早くお出しするのがマナーです。返礼が遅れると、「まだ悲しみが癒えていないのでは」「体調でも崩しているのかしら」といった不安を相手に与えることになるからです。親しい人の死を現実のものとして受け止め、前向きに生きる決意ができているようなら、その気持ちを相手に伝え安心させましょう。

頭語や結語はつけるほうが無難

内容は会葬礼状などのように形式にとらわれる必要はありませんが、相手の弔意に対するお礼を述べ、生前の厚誼《こうぎ》に対する感謝を表し、故人の思い出や残された家族の心境や決意を伝えましょう。

書き方は、ほかの弔事の手紙にならって前文（頭語など）や末文（結語など）を省く場合もありますが、一般の手紙のように前文の頭語・時候のあいさつ・安否の確認や末文の結語をつけてもかまいません。とくに、葬儀から日数が経ってからのお悔やみ状の返礼であれば、一般的な手紙の形式で書いたほうが無難です。

封書で来たら封書で返すのが決まり

お悔やみ状は封書で届くと思いますので、返礼も封書で送るのが基本です。ただ、葬儀から日数が経ち、「落ち着いたら、今度食事を……」といった誘いのはがきやメールなら、はがきやメールで返信しても問題ありません。

文例180

故人の知り合いへのお悔やみの返礼

●お悔やみへの礼状 ●手紙 ●40代男性→70代男性

●おたよりの理由　亡くなった父の古い友人からいただいたお悔やみ状に対して感謝をこめて返礼の手紙を送ります。

❶**拝復**　早春の候、ますますご清祥のこととお喜び申し上げます。このたびは、亡父・佐竹幸太郎の死去に際しまして、ごていねいなお悔やみのお手紙をいただき、そのうえ過分なお香典まで頂戴いたしまして心よりお礼申し上げます。

父と息子というのはどうしたものか、大人になるとゆっくり話をする機会もなく、鎌田様のお手紙で、❷**学生時代の軽音楽部のことや、音楽をあきらめて銀行に就職した話などを知り**、驚くばかりでした。お酒でも飲みながら、もっと父の話を聞いてあげればよかったと、いまさらながら後悔に目が潤みます。

私の知る父は銀行一筋のバンカーで、定年後も経済誌などに海外投資論を寄稿するなど、生まれながらの金融マンかと思っていましたが、ほんとうは音楽の世界に進みたかったのだとお聞きし、❸**あらためて父の人生を考えさせていただくきっかけになりました。**どうもありがとうございました。

もし、❹**こちらにお越しのことがありましたら、ぜひお立ち寄りいただき、**お線香の１本も手向けていただければありがたく存じます。

敬具

書き方のコツ

❶**返事の頭語**
「拝復」のほか「拝誦《はいしょう》」「復啓」など。

❷**知らなかった故人の一面**
仕事一徹だった故人でも華やかな青春時代があり、いろいろな夢があったことなど故人の一面を知り、相手に感謝の意を表します。

❸**故人の人生**
お悔やみ状に書かれていたエピソードによって父の人生を考えるきっかけになったことを伝えます。

❹**訪問の誘い**
時間があったら線香を上げに訪問してくれるように誘います。

文例
181

●お悔やみへの礼状 ●手紙 ●50代女性→70代女性

故人のサークル仲間へのお悔やみの返礼

●おたよりの理由　亡き母のサークル仲間からのお悔やみ状に対する礼状は生前の厚誼に感謝する内容で。

①**このたびは、母の永眠に際しまして、お心のこもったお手紙をくださり、**あわせてご香料まで賜り、ほんとうにありがとうございました。

これまで病気ひとつしたことがない母でしたが、②**心筋梗塞による突然の死**で家族一同、しばらく茫然としていました。健康には十分に気をつけていた母でしたが、冬の寒さがこたえたようで、これも運命とあきらめるしかないようです。でも、晩年は孫やひ孫に囲まれ、ゆったりとした幸せな時期を過ごせたのがせめてもの慰《なぐさ》めです。

③**木村様には母と同じサークルというご縁で、長くおつき合いいただきましたことを、**母に代わってお礼を申し上げます。生前も大正琴のサークルが何よりの生きがいだったようで、お仲間のみなさまの話は何度となくお伺いしていました。なかでも木村様には、母よりだいぶお若いこともあり、車での送り迎えなどをしていただいたと伺っていました。

家族として生前のご厚誼《こうぎ》を深謝するとともに、④**サークルのみなさま方の今後のご健康とご活躍をお祈りいたします。**

書き方のコツ

①**お悔やみへのお礼**
サークルの友だちからいただいたお悔やみ状に感謝して礼状を送ります。

②**亡くなったときの様子**
死因など亡くなったときの様子を伝えます。

③**生前の厚誼へのお礼**
故人が生前お世話になったお礼を述べます。

④**サークルの発展を祈る**
故人がお世話になったサークル仲間の健康と活躍を祈ります。

文例 182

● お悔やみへの礼状 ● 手紙 ● 60代女性→70代女性

自分のボランティア仲間へお悔やみの返礼

● おたよりの理由　夫が亡くなった後、ボランティアの仲間からいただいた助言に対する返礼の手紙。

❶**このたびは、ごていねいなお悔やみの手紙をくださり、**ほんとうにありがとうございました。貴重な励ましのことばをいただき、あらためて夫との年月を思い出したりもしました。

❷**野口様のご経験からのことばなので、**ひとつひとつが心に響き、明日からがんばろうと元気をいただきました。

それにしても、夫が倒れてから3カ月の介護、臨終《りんじゅう》、葬儀、納骨と忙しくただ流れるような作業をこなした感じがして、夫の死の実感がなかなか湧きませんでした。ただ、こうして四十九日法要を済ませ、子どもたちもそれぞれの生活に戻り、❸**1人残されると家の広さに驚き、**はじめて「夫はいないのだ」と実感しています。

野口様のご助言にあった通り、何もしないでいるのも体調維持によくないと思いますので、❹**次回からの「りんどう会」の集まりには出席させていただきたいと思います。**またよろしくお願いいたします。

いろいろご心配をくださり、ありがとうございました。

書き方のコツ

❶**お悔やみ状へのお礼**
お悔やみ状をくれたボランティア仲間にお礼状を出します。

❷**励ましへの感謝**
お悔やみ状にあった励ましのことばに元気づけられたことを感謝します。

❸**夫を亡くした実感**
葬儀を済ませ落ち着いて、夫を亡くした実感をはじめて感じたことを伝えます。

❹**日常への回復**
夫の死から立ち直り、また元の生活に戻ることを宣言します。

文例
183

●お悔やみへの礼状 ●手紙 ●30代女性→30代男性

急死した夫の友人へお悔やみの礼状

1このたびは、ごていねいなお悔やみの手紙をくださり、どれほど癒《いや》されたかわかりません。ありがとうございました。そればかりか、お香典をお贈りくださり感謝のことばもありません。木村様と夫は小学校以来の親友とお聞きしています。**2生前はご厚誼《こうぎ》をいただき、ありがとうございました。**

最近、夫は仕事に追われ、休みの日も出勤することが少なくありませんでした。ちょうど働き盛りで、長男も生まれ、やりがいもあったのでしょう。

いま思うと、家で「疲れたなあ」と口にすることがしばしばあったような気がします。そんな夫の健康を気づかい、無理にでも休ませることができなかったかと後悔するばかりです。**3まさか、通勤途中に心臓発作で亡くなるなんて**思いもよらないことでした。

4これからは、1人息子の建太を一人前のおとなにすることを励みに2人で生きていきたいと思います。粗末なもので恐縮ですが、ご香料のお返しを別便で送らせていただきました。季節の変わり目、お身体お気をつけくださいませ。

●おたよりの理由　夫の親友からいただいたお悔やみ状へのお礼。子どもを立派に育てると意欲を示します。

書き方のコツ

1お悔やみへの感謝
お悔やみの手紙をいただいて大変ありがたかったと感謝します。「ご丁重な手紙」「心のこもった手紙」なども。

2生前の厚誼へのお礼
生前、親しくしてもらったことへのお礼を述べます。

3急死の説明
仕事ぶりを伝えながら心臓発作で亡くなったことを説明します。

4今後の生活
相手を安心させるように子どもを立派に育てる意欲を示します。

文例 184

急死した妻の友人へお悔やみの礼状

●お悔やみへの礼状 ●手紙 ●50代男性→50代女性

先般　亡妻みどりの死去に際しましては、①**ご真情のこもる**お悔やみをいただき、そのうえご丁重なご香料まで賜り、深くお礼申し上げます。

久保井様とは、以前、妻がお世話になっていた職場でお近づきになったと聞いています。生前は大変お世話になりました。②**少しのんびりした性格でしたから、なにかとご厄介になったことでしょう。**生前の妻はそんな性格でしたから、小さなことに悩むこともなく心身ともにいたって健康でした。③**結婚してからも病気ひとつしたことがなく、**油断したのかもしれません。体調の変化を訴えたときはすでに手遅れで、3カ月後には帰らぬ人となりました。もともと健康で、がまん強いところがあったのが、仇《あだ》になってしまったようです。

④**ただ、亡くなる前に長男に子どもが生まれ、初孫を抱かせることができたのがせめてもの慰《なぐさ》めです。**まだ春は浅く、寒い日も続きます。風邪など召しませんようにお祈りいたします。

最後に、粗末なもので恐縮ですが、ご香料のお返しを別便で送らせていただきました。ご笑納ください。

●**おたよりの理由**　お悔やみ状をいただいた妻の友人への礼状。妻の病気と死去の様子をていねいに説明します。

書き方のコツ

①**「ご真情のこもる」の置き換え**
「お心のこもった」「ごていねいな」「真心のこもる」など

②**生前の厚誼へのお礼**
のんびりした故人の性格を示しながら、それを補うためにずいぶん世話になったのではとお礼を述べます。

③**健康だった故人**
健康だった様子を伝え、思いもよらない病気の発症だったことを伝えます。

④**せめてもの慰め**
孫を抱かせることができたのがせめてもの慰めだったことを伝えます。

文例
185

仲人からいただいたお悔やみの返礼

●お悔やみへの礼状 ●手紙 ●50代男性→70代男性

①**謹啓**　このたびは妻の死去に際しまして、ごていねいなお手紙とお香典をいただき、厚くお礼申し上げます。いただいたお手紙に、入院されたと書かれていたので心配していました。お身体の具合はいかがでしょうか？

②**こちらは無事に葬儀を済ませましたが、**四十九日法要・納骨を控え、菩提寺と打ち合わせや親戚などへの案内と忙しく動き回っています。そのおかげで、妻を失った悲しみを少しの間忘れられるような気がします。

同じ職場の妻と、当時開発部長をされていた吉村様に仲人をお願いに伺ったのは、もう30年も前のことです。お引き受けいただけるか、びくびくしていましたが、奥様ともに快諾してくださり、ほっと胸をなで下ろしたのを昨日のことのように記憶しています。現在、私は吉村様と同じ開発部長を務めさせていただいていますが、③**妻の死をきっかけに、**もう少し会社にご奉公しなくてはと、あらためて強く感じた次第です。④**どうか、また、いろいろとご指導くださるようによろしくお願いいたします。**

まずは略儀ながら書中をもってお礼申し上げます。

敬白

●**おたよりの理由**　仲人を務めてくれた、元の会社の上司からいただいたお悔やみ状への返礼。

書き方のコツ

①**謹啓**
あらたまった頭語である「謹啓」に合わせる末語は「敬白」「謹言」「謹白」「かしこ」など。

②**葬儀後の近況**
葬儀後、いろいろ忙しく動き回っていることを伝えます。

③**妻を亡くしての決意**
妻を亡くしたショックから早く立ち直り、今後は仕事に精進する決意を表明します。

④**今後の引き立て**
職場の先輩として今後の引き立てを依頼します。

文例 186

子どもの担任へお悔やみの返礼

●お悔やみへの礼状 ●手紙 ●30代女性→40代女性

このたびは、お心のこもったお悔やみと励ましの手紙をいただき、感謝のことばもありません。早く立ち直りたいのですが、❶**優香理を喪《うしな》った悲しみが癒《い》えることはありません。**夫からも、長男のためにも、早く元の生活に戻らなくちゃと言われていますが、優香理の人形やぬいぐるみを目にするたびに、涙が止まりません。

❷**幼稚園の高橋先生には、ほんとうに良くしていただき、**あらためてお礼申し上げます。

生まれてすぐにわかった難病でしたが、元気に遊ぶ姿を見ているうちに幼稚園、小学校、成人式とすくすく育ってくれるものと信じて疑いませんでした。❸**それが急な発熱から呼吸不全が深刻になり、**とうとう私たちの元に戻ってくることはありませんでした。

悲しみは癒えることはないかもしれませんが、❹**この悲しみを糧《かて》に同じ病気の子どもたちに役立つ活動を始める**のも、私たち夫婦の使命なのではないかと話し合っています。まだ微力ですが、その節はご支援のほどよろしくお願い申し上げます。

●おたよりの理由　亡くなったわが子を受け持ってくれた幼稚園の先生にお悔やみの返礼を送ります。

書き方のコツ

❶**子を亡くした親の思い**
母として娘を亡くした真情を訴えます。

❷**相手への感謝の気持ち**
娘を世話してくれた先生に感謝の気持ちを伝えます。

❸**亡くなったときの様子**
突然の発熱から死に至った経緯を簡単に説明します。

❹**夫婦の決意**
子を失った夫婦として、同じ病気の子どもたちに役立つ活動をしたいと決意を述べます。

文例 187

●お悔やみへの礼状 ●手紙 ●50代男性→60代男性

きょうだいを亡くしたお悔やみへの返礼

●おたよりの理由　亡くなった独身の兄の友人から届いたお悔やみ状と香典への礼状を弟が送ります。

拝啓　お手紙ありがとうございました。そのうえ、お香典まで頂戴し、兄も草《くさ》葉《ば》の陰で喜んでいることと思います。兄が亡くなって3カ月が過ぎ、年賀欠礼をお出ししたところお志をお贈りくださり、厚くお礼申し上げます。

兄は若いころに配偶者を亡くし、それ以降独身で過ごしたのはご承知の通りだと思います。❶**男性の平均寿命が80歳を超えたという昨今に**、60代半ばで病に倒れたのは無念だったと思いますが、天国で仲のよかった義姉さんと再会していることでしょう。

佐藤様のお話は兄からよく伺っていました。学生時代にはよく登山旅行にごいっしょされたと聞いています。❷**生前はなにかとお世話になり**、ありがとうございました。

❸**兄の位牌は実家に安置しています。**私の家の隣なので、もしお近くにお越しの折りは、ぜひお寄りください。兄の昔の様子などをお聞かせいただければ幸いです。

寒さ厳しき折、風邪など召しませんようにご自愛くださいませ。

敬具

書き方のコツ

❶**早死にした故人**
平均寿命よりだいぶ前で亡くなった兄の死を悼みます。

❷**生前の厚誼へのお礼**
お悔やみ状の差出人の名前はよく聞いていたと告げ、生前のよしみについて感謝のことばを述べます。

❸**位牌の安置場所**
故人の位牌の安置場所を告げ、近くに寄った際は（お参りに）寄ってくれるように誘います。

●お悔やみへの礼状　●メール　●30代女性→30代女性

文例188

愛犬を亡くしたお悔やみへの返礼のメール

●おたよりの理由　愛犬を失って落ち込む差し出し人から、励ましのメールをくれた相手に送るお礼メール。

ヨーコさま
お悔やみのメールありがとう。
コン太が天国に召されて1カ月が経ちました。
でも、朝、目が覚めるとベッドまで寄ってくるような
そして、キャンキャン鳴いているような錯覚を覚えます。
夫が仕事の関係で毎晩帰宅が遅いので
飼うように勧めてくれた犬ですが、
ほんとうの家族を失ったようなさびしさです。
早く気持ちの整理をつけて
またジムに通いたいと思っていますが
いましばらくお待ちください。
それにつけても、いろいろ心配してくれて
ありがとうございます。
ジムの仲間のみなさまにもよろしくお伝えください。
子を失った母の心境のケイコより

●お悔やみへの礼状　●メール　●60代男性→50代女性

文例189

愛猫を亡くしたお悔やみへの返礼のメール

●おたよりの理由　ペットを介して知り合った異性の友人から届いた、お悔やみのメールへのお礼。

お悔やみありがとうございました。
70歳を前にした男が、飼い猫を失い
こんなにも悲しく、世をはかなく感じるのか
自分自身に驚いています。

幸田様のお悔やみのメールにあった、
「性格が悪い猫ほど、死なれてみると
悲しみが大きい」とは、まさに至言です。
美形を鼻にかけていた姫子も自分勝手な猫で
何度、叱りつけようかと思ったことか。
それでも、思い返すとよい思い出ばかりです。

元気になりましたら、また、近くの山への
散策などお誘いください。
では、幸田様の織姫ちゃんによろしく。

文例
190

結婚披露宴に喪中のため欠席を伝える手紙

●欠席・断りの知らせ　●手紙　●30代女性→20代女性

拝啓　暑い夏も過ぎ、しのぎやすい朝晩になりました。このたびは庸介さんとのご結婚おめでとうございます。結婚式を控え、❶さぞお忙しいことでしょう。ふたりが出会った場所とはいえ、❷アルバイト先の同僚だった私までご招待してくださるなんて、とてもうれしく感謝の気持ちでいっぱいです。

学生時代から5年間、変わらぬ愛を育んでこられたのですね。庸介さんは商社マン、佳恵さんは小学校の先生と希望通りの進路を歩んでいらっしゃるしっかりしたおふたりですから、互いの夢を語り合いながら温かいご家庭を築かれることでしょう。

❸実は、こうしてお手紙を差し上げたのは、先週、私の母が亡くなり、ひとり娘の立場なので父の世話や法要の準備など、しばらくは家を離れることができません。せっかく披露宴にご招待いただいたのに申し訳ありませんが、欠席させていただきます。

❹粗末なもので恐縮ですが、別便で祝いの品を送らせていただきました。ご笑納くださいませ。まずは、結婚のお祝いと欠席のお詫びまで。

かしこ

●おたよりの理由　結婚披露宴の招待を受けたものの、身内の不幸でやむを得ず欠席する無礼をお詫びします。

書き方のコツ

❶**ふたりへの気づかい**　結婚式を控え多忙な新郎新婦を気づかいます。

❷**招待への感謝**　さほど関係が深くない自分にまで招待状を送ってくれたことに感謝します。

❸**断る事情**　出欠はがきの返送では済まないために、手紙を送った事情を説明します。

❹**お祝いの品**　祝いの品を別便で送ったことを案内します。

●欠席・断りの知らせ ●はがき ●40代男性→多数

文例191

父を亡くした年賀欠礼のはがき（印刷用）

●おたよりの理由　多数の知り合いに発送する年賀欠礼。古式にのっとり句読点を付けないのが一般的です。

喪中につき年末年始のご挨拶《あいさつ》はご遠慮申し上げます
去る九月二十二日　父 行雄が享年《きょうねん》92歳の天寿を全うし永眠いたしました
新年のごあいさつを申し上げるべきところでございますが喪中《もちゅう》につきご遠慮申し上げます
平素のご厚情に深謝申し上げるとともに明年も変わらぬご厚誼《こうぎ》を賜りますようお願いいたします
平成○○年十一月
〒×××-××××
神奈川県○○市○○町○番地○号
田村行尚

●欠席・断りの知らせ ●はがき ●50代女性→50代女性

文例192

母を亡くした年賀欠礼のはがき

●おたよりの理由　決まったフォーム年賀欠礼では失礼な相手に、手書きのおたよりを出しましょう。

拝啓　北海道ではもう雪の季節でしょうね。ご無沙汰しています。

実は今年の9月に母が亡くなりました。86歳でした。裕美子さんもご存じのように数年前から入退院をくり返していたので、覚悟はしていたのですが、さすがに四十九日の法要までは気持ちが沈む日もありました。

葬儀のご連絡をと思ったのですが、母の希望で家族だけで見送りました。お知らせもせず大変失礼しました。そんなことで、毎年やりとりさせていただいている来年の年賀状は失礼させていただきます。これから寒くなる季節、くれぐれもお体大切にしてください。

かしこ

●欠席・断りの知らせ ●はがき ●40代男性➡60代女性

文例193

妻を亡くして定例会へ欠席のはがき

●おたよりの理由　最近妻を亡くし、次の地域の会議に出席できないことをはがきで断ります。

拝啓　時下ますますご隆昌のことと拝察申し上げます。地域活性化プロジェクト会議も今年で6年目を迎えます。会長におかれましては、いつもメンバーをご指導くださりありがとうございます。

さて、このたびの定例会ですが、ご承知のように先月、長年連れ添った妻を亡くし、まだいろいろな整理ができない状態が続いています。

大変勝手ながら、今回は欠席させていただきたくお願い申し上げます。なお、前回の会議で懸案に上がっていた資料の準備などはすでに済ませてあり、「いそだ洋品店」の磯田さんにメールでお送りしてあります。どうかご容赦いただき、実りある会議の開催をお祈り申し上げます。

敬具

●欠席・断りの知らせ ●メール ●40代女性➡40代男性

文例194

夫を亡くして同窓会への欠席のメール

●おたよりの理由　夫を亡くしたばかりなので同窓会に欠席することを幹事役の同窓生にメールで伝えます。

○○中学クラス会幹事　和山正友　様

夫の葬儀の際は、○○中学のクラスのお友だちが
たくさん参列してくださりほんとうに感謝しています。
おかげさまで、無事に夫を送ることができました。

さて、来月開かれる同窓会のご案内をいただきましたが、
まだ、喪も明けず、心の整理もついていません。
今年の同窓会は欠席させていただきます。

来年のいまごろは、もう少し落ち着いていると思います。
ぜひ出席させていただくつもりです。
みなさまにも、よろしくお伝えくださいませ。
あわせて、ご会葬のお礼もお伝えいただければ幸いです。
下田麗香

第6章

転機を迎えた相手への励ましの文例

励まし文の書き方

送る側の気持ちより相手の気持ちを考える

気持ちが落ち込むような出来事が起きると、たいていの人は心を閉ざし、だれにも立ち入って欲しくないという感情がめばえます。そんなときに、「励ましてやろう」などという尊大な気持ちや義務感で書かれた手紙をもらっても、「人の気持ちも知らないで」と、反感を買うだけです。

励ましの手紙を書くときは、相手の立場に立ち、相手がどのようなことばをかけられたら勇気づけられるかを考えましょう。

度を超えた同情や激励は逆効果

励ましの手紙が難しいのは、つい度を超えてしまいがちだからです。同情や哀れみが過ぎると、さらに相手を落ち込ませることになり、先々の希望を強調し過ぎれば、相手の反感を買います。また、今後の努力や過去の問題点に触れれば、説教臭くなったり相手をさらに傷つけることもあります。

相手の今の気持ちにより近い、心に届くことばと文面を選びましょう。踏み込みすぎても、儀礼的な美辞麗句でもいけません。日ごろの間柄を踏まえたうえで、元気を取り戻してもらえるような、具体的なことばを用いましょう。

励まし文は封書で送るのが基本

励まし文のなかでもネガティブな状況に対して書く場合は、必ず手紙にします。長文でない場合も、一筆せん（短冊形の便せん）を使うなどして、封書で送りましょう。ただし相手との関係性によって、封書では仰々しくなることもあります。その場合は、第三者が見ることのないアドレスに、メールを送ってもよいでしょう。

文例 195

懇意にしていた仕事関係者への手紙

●失業への励まし ●手紙 ●40代男性→50代男性

●おたよりの理由　突然退職した他社の仕事関係者に、感謝の気持ちを込めた励ましの手紙を送ります。

前略　❶**鈴木様が退職されたとのこと、後任の佐藤様よりうかがいました。**

突然のご担当交代で、鈴木様に何かあったのではないかと心配しておりましたが、希望退職制度を利用されたと伺いました。

❷**鈴木様にはプロジェクト立ち上げのころより懇意にしていただき、勉強不足の私を常に導いてくださったこと、感謝しております。**　この一大プロジェクトが現在も無事に遂行しているのも、立ち上げ時にご尽力いただいた鈴木様のおかげと肝に銘じております。

また鈴木様には公私にわたって相談にのっていただいたり、愚痴を聞いていただいたこともありました。釣りの穴場を教えていただいたこともありましたね。つまらない悩みにも親身になっていただき、つい実の兄のように甘えてしまったこと、お許しください。

❸**希望退職されて、今はまだお気持ちの整理がつかないかと存じますが、**私でお役に立てることがありましたら、いつでもお声かけください。一日も早く❹**再出発を遂げられることを**心からお祈りしております。

草々

書き方のコツ

❶**退職を知った経緯**

突然の手紙で不信感を与えないよう、退職を知った経緯を簡潔に記します。

❷**在職中の感謝**

仕事やプライベートで頼りにしていたことに礼を述べ、相手の存在意義を示します。

❸**現在の心境を察する**

相手の気持ちを理解したいという思いがあることを、さりげなく伝えます。相手の気持ちを決めつけるような表現は避けましょう。

❹**結びのことば**

「新たな道が開けますことを」「実力の発揮できる仕事に巡りあえますことを」などの表現もあります。

文例
196

学生時代の友人への手紙

●失業への励まし ●手紙 ●30代女性→30代女性

前文失礼いたします。幸子さんが勤めていた会社が倒産したと、新聞で知りました。仕事熱心な幸子さんのこと、さぞおつらかったこととお察しします。

❶**私自身は会社を辞してもう十年近くなるので、世の中のことに疎くなっているのですが、主人や友人の話を聞くにつれ、社会の厳しさを思い知らされるばかりです。**

でも、幸子さんにはこれまで培ってきた経験や能力があるのですものね。❷**それに昔から努力家で、人一倍チャレンジ精神が旺盛でしたよね。**だから今度のことも、きっと大丈夫だと信じています。

学生時代から気丈な幸子さんのことだから、もう新たな道を探り始めているかもしれません。でも、ひとりでがんばりすぎないでくださいね。幸子さんのことを気にかけている人は、きっと周りにいると思います。❸**私も、仕事のことは何の力にもなれませんが、憂さ晴らしに付き合うことくらいはできますよ。**

気が向いたら、いつでもご連絡ください。幸子さんがより充実した仕事に巡り会えるよう、心からお祈りしています。

かしこ

●**おたよりの理由** 会社の倒産により失業した友人に、元気を出してもらうための励ましの手紙を送ります。

書き方のコツ

❶**相手の気持ちに同調する**
立場が違うと、心に溝ができてしまうことがあります。相手の立場を理解しようとしていることを示しましょう。

❷**自信を取り戻すことば**
よく知る友人であれば、逆境に対する強さなどを記すことで、自信を取り戻してもらいます。

❸**思いやりの気持ちを示す**
立場が違っても、何かしら役に立ちたいという気持ちを示します。近しい関係の人なら、ほほえましいエピソードで相手の心をなごませることもできるでしょう。

文例
197

●失業への励まし ●手紙 ●60代男性→60代男性

家族ぐるみのつき合いをする友人への手紙

冠省　貴兄が退職した旨、奥方よりうかがいました。奥方は戸惑っておられるようだったよ。小生も驚いた。❶**執行役員まで上り詰めた貴兄が、よもやこのような憂き目に遭うとは思いもよらないじゃないか。**

今の世の中、どの業界も不景気だ。業績を回復できずにいる企業は多い。かくいうわが社も青色吐息というところだよ。❷**だがこれを勤め人の宿命と、簡単に割り切れるものではないよな。**

貴兄は、昔からどんなことでもひとりで抱え込む傾向がある。だから、奥方も小生もいらぬ心配をしてしまうのだよ。愚痴でも何でもいい、たまには弱い貴兄を見せてくれないか。

人生八十年というけれど、還暦を迎えたばかりの我々はまだ若い。そう思うのは手前味噌だろうか。❸**これまでの実績を掲げて新たに出発するもよし、一足先に悠々自適な生活を決め込むもよし。**小生にできることがあればどんなことでも協力します。

近いうち一杯やりましょう。また連絡します。

敬具

●おたよりの理由　役職付きで失業した友人に、会社の処遇を嘆くとともに、励ましの手紙を送ります。

書き方のコツ

❶**失業理由には踏み込まない**
高齢者、とくに役員が失業するにはそれなりの理由があると思われます。本人が話さない限り、手紙のなかでも触れないようにします。

❷**相手の嘆きに同調する**
同世代の同士のような関係であれば、相手の嘆きを代弁することでこちらの気持ちも伝えることができます。

❸**相手の年齢に応じた表現**
数年で定年を迎える人だからこそ使える文言もあります。性格や実力、経済状態などを知らない相手には、差し控えたほうが無難です。

文例
198

夫が失業した知人への手紙

●失業への励まし　●手紙　●50代女性→50代女性

●**おたよりの理由**　夫が失業した友人に、励ますとともに、夫を支える助言を記した手紙を送ります。

前略　風の便りにご主人様が退職されたとうかがいました。貴女もさぞ驚かれたことでしょう。ご心痛お察しいたします。
　あれだけの一流企業も不景気の荒波を受けているのですね。貴女から仕事一筋のご主人様とうかがっておりましたから、どれほどお力落としのことか、想像するに余りあります。これからのことを思うと不安もおありでしょうが、どうかお気を落とされませんように。**❶貴女の明るく優しい笑顔でご主人様のお気持ちを軽くして差し上げてくださいね。私も貴女の明るさに、いつも救われているんですよ。**
❷これを機に、ご夫婦の会話も増えるといいですね。お互い、子どもが独立してしまったら、夫婦だけの長い人生が始まるんですものね。
　ご主人様がご就職を考えておられるようでしたら、何とかお力になりたいと主人も申しております。お気遣いなく、いつでもご連絡ください。

　どうか**❸心機一転**、新たな人生がスタートできますように。ご主人様にもどうぞよろしくお伝えください。

かしこ

書き方のコツ

❶さりげない助言
　手紙の相手と失業した夫の気持ちを察しつつ、夫を励ます妻の役割を助言します。相手の長所を示し、自分も助けられていることを伝えれば、「余計なお世話」とは思われないでしょう。

❷希望のもてる要素
　相手の家庭の事情まで知る近しい関係なら、見方を変えることで好転する要素があることを記して、元気づけるのもよいでしょう。

❸転機に用いることば
　「気分一新」「他日を期して」「捲《けん》土《ど》重来《ちょうらい》を期して」などの表現もあります。

●失業への励まし　●メール　●20代男性→20代女性

文例199 失業した後輩へのメール

●おたよりの理由　大学時代の後輩が失業。奮起を促し、再出発のための激励と応援のメールを送ります。

田中　杏奈　様
事業部の統合にともない退職されたと、総務の加藤に聞きました。今まで知らなかったとはいえ、連絡が遅くなってすまない。

僕が勧めた会社だから、少なからず責任を感じているよ。

君はゼミのなかでも優秀で、僕らはみんな君に刺激を受けたものだ。僕ら28期がまじめに就職活動に取り組めたのも、君のような後輩が尻を叩いてくれたからだ。

そんな君だから、厳しい就職戦線にも果敢にチャレンジし、何度もつまずいては立ち上がった。傍から見ていて頭の下がる思いだったよ。

今度も、どうか負けないでください。

そしてもしよかったら、また君の力にならせてください。

僕らはいつでも君のことを応援しているからな。

小林　明

●失業への励まし　●メール　●50代女性→40代男性

文例200 事故で失業した仕事関係者へのメール

●おたよりの理由　事故のお見舞いをするとともに、在職中のお礼、回復後の社会復帰に対する励ましメールを送ります。

佐々木　浩　様
交通事故で大怪我をされ、退職を余儀なくされたとうかがいました。その後、ご容態はいかがでしょうか。

大事故だったにもかかわらず、命に別状なかったとのこと、ホッと胸をなで下ろしております。

ですが、これまで進めてきた○○設計様のお仕事がごいっしょできなくなったことは誠に残念でなりません。

佐々木様のお力あっての仕事でしたので、ぜひとも関係者全員で完成を迎えたいと思っておりました。

とはいえ、今はお体の回復が第一です。焦る気持ちを抑えて、養生なさってください。

佐々木様の実力をもってすれば、きっと新しい道も開けることと信じております。その折は、またお仕事ごいっしょさせてください。

木村　洋子

文例
201

独立した元同僚への手紙

●倒産・閉店の励まし ●手紙 ●40代男性→40代男性

前略　君から事務所閉鎖の報を受け、正直驚いています。

君は同期入社のなかでも才能にあふれ、すぐに頭角を現していった。だから30歳を目前に独立したときも当然のことのように思っていたし、❶**君の名前を雑誌などで見つけるたびに自分のことのように嬉しかった。**すべて順調に運んでいると思っていたのだが、取引先のトラブルに巻き込まれたとは。❷**ほんとうに悔しいよ。君もさぞ無念だったことだろう。**

手紙には、しばらく休むようなことを書いていたね。これまでだれよりも突っ走ってきたんだ。心身ともに休息が必要だよな。
❸**だが充電して鋭気を養ったら、きっと戻ってきて欲しい。**そしてまた君の才能で業界を騒然とさせてくれないか。君が再起するときを、この業界の多くの人が待っている。もちろん僕もだ。
僕にできることがあれば、及ばずながら君の力にならせて欲しい。僕には起業の苦労はわからないが、これでも人脈は広いほうなんだ。

君からの連絡、いつでも待っています。

草々

●**おたよりの理由**　独立した元同僚が、取引先のトラブルで事務所を閉鎖。再起を願う励ましの手紙を送ります。

書き方のコツ

❶**相手の立場に近づく**
自分が理解者のひとりであることを伝えると、異なる立場からの手紙も相手の心に届きます。

❷**相手の気持ちに共感する**
よく知る相手であれば、人に言えない気持ちを代弁することで、相手のつらさに寄り添うことができます。

❸**再起を促す**
上下関係のない同士のような相手であれば、力強い励ましのことばも有効です。

文例 202

高齢で閉店した知人への手紙

●倒産・閉店の励まし ●手紙 ●60代女性→70代男性

拝啓　日ごとに暑さが増してくる今日このごろ、ご家族のみなさまには、お変わりございませんか。

先日奥様より、お店を閉められたとのこと、うかがいました。腰痛が悪化して起き上がるのにもご苦労されているとのことでしたが、その後お体の具合はいかがでしょうか。

❶**下田様が一代で築き上げたお店とうかがっておりましたから、さぞや口惜しい思いをされていらっしゃることでしょう。**私もお店に足繁く通わせていただいたひとりとして、寂しい思いでいっぱいです。

❷**きっとお仕事で、長年お体を酷使されてこられたのでしょうね。**そのおかげで、私どもはおいしいお菓子をいただくことができたわけですが、そろそろお体をいたわるときなのかもしれません。遣る方ない思いは察するに余りありますが、これからはお体を大切に、いつまでもご夫婦仲良くお過ごしください。たまには、わが家にも遊びにいらしてください。

❸**長い間、大変お疲れさまでございました。**

かしこ

●**おたよりの理由**　体調の悪化で閉店した高齢の知人に、励ましとねぎらいの手紙を送ります。

書き方のコツ

❶**相手の気持ちを察する**

事情をよく知る相手なら、具体的なエピソードを導入することで、相手の気持ちに寄り添いたいという思いが、より強く表現できます。

❷**閉店の理由に共感する**

この場合、閉店の理由に共感することで労をねぎらうことができます。しかし、跡取りがいなくて閉店するようなときは、踏み込みすぎないほうがよい場合もあります。

❸**結びのことば**

高齢などの理由で閉店する場合は、ねぎらいのことばで結ぶ方法もあります。

文例203

●倒産・閉店の励まし ●手紙 ●40代女性→50代女性

倒産した同業者への手紙

前略ごめんください　伊東様が事業を撤退されたとうかがい、突然のことにわが耳を疑いました。

このご時世ですので、小売業界が厳しいのは会合でも話題に上っておりましたが、❶**よもや伊東様のような大店にまで影響が及んでいるとは思いもよりませんでした。**さぞかし落胆されておいでのことでしょう。ご心中深くお察しいたします。

伊東様は県内でも有数の老舗であられ、私どものような新参者のお手本でした。たまに組合の会合でお会いするだけでしたが、伊東様のお話はことのほか勉強になり、熱心に拝聴させていただいておりました。

❷**私のような無作法者を心良くお仲間に入れていただき、やさしくていねいにご指導いただいたこと、どれほど感謝のことばを尽くしても足りません。**

❸**このうえは、どうかお心を強くもって新たな道を歩まれますことを、心より願ってやみません。**伊東様のこれからに、ご多幸が訪れますようお祈り申し上げます。

かしこ

●**おたよりの理由**　倒産した同業者に、これまでの感謝と敬意を込めた励ましの手紙を送ります。

書き方のコツ

❶**相手を立てる**

同業者で、しかも年下の者からもらう手紙は、心情的に素直に受入れられないこともあります。まずは相手を立てることが大切です。

❷**感謝のことば**

目上の同業者に手紙を送る場合、おおむね励ましよりも感謝が基本となります。具体的な内容を挿入して、儀礼的にならないようにします。

❸**励ましのことば**

相手の年齢によっては、再起を促すより人生の幸福を願うほうが心に届きます。

●倒産・閉店の励まし　●メール　●50代男性→50代男性

文例204 田舎に帰るために閉店した友人へのメール

●おたよりの理由　父親の介護のため閉店を決断した友人に、勇気をたたえる励ましのメールを送ります。

松崎　茂樹　様
店を閉める旨、天城君から聞きました。

ようやく軌道に乗ってきたと君に聞いていたから、実に残念です。君もずいぶん悩んだことだろう。

しかし、よくよく考えてみると君らしい決断だと僕は思うよ。お父上の介護のために田舎に帰るというのは、だれにでもできることではないよな。

君の決断力にはいつも驚かされてきたが、今度のことも頭が下がる思いです。

ご家族を説得するのも簡単ではなかったろうな。奥方は店を大事にされているようだったし、ご子息は確か受験生ではなかっただろうか。

帰る前に一度くらい会えないだろうか。みんなで杯を酌み交わそうじゃないか。

大沢　健三

●倒産・閉店の励まし　●メール　●30代女性→30代女性

文例205 倒産した仕事関係者へのメール

●おたよりの理由　倒産の知らせを受けた仕事関係者に、相手の気持ちに共鳴し、今後を励ますメールを送ります。

水野　久美子　様
事業撤退の旨のお知らせ、受け取りました。

水野様とは年も近く、同じような時期に事務所を構えたとうかがって、勝手に仲間意識のようなものを抱いておりました。

それだけに、今回のことは自分のことのようにショックでなりません。

水野様も、さぞおつらかったこととお察しします。

景気の悪さは承知の上で開業したものの、経営というのはなかなか思うようにいかないものですよね。私はこのごろ、会社員のままでいたほうがよかったのではないかと考えることがあります。でも、そんなこと言っていられませんよね。

水野様もどうかお気を落とさず、次のチャンスをつかみ取ってください。新たなフィールドでこれまで以上のご活躍をされることを心よりお祈りしています。

松坂　良子

文例
206

●降格・左遷への励まし ●手紙 ●50代男性↓50代男性

左遷で赴任する大学の同期生への手紙

●おたよりの理由　左遷で赴任する友人に、異動をともに嘆き、赴任先での生活を励ます手紙を送ります。

前略　転任の件、本多君から聞きました。あまりに突然のことで驚いております。本多君も合点がいかないようすでした。

❶**これまで第一線で活躍されてきた貴殿が、思いもよらないポストに異動されるとは、さぞご無念なことでしょう。**16期会の同士として、私も残念でなりません。

❷**ですが貴殿のことですから、転任先でもすぐに部下の信頼を得て、めざましい活躍を遂げられることでしょう。**ただ、健康には充分留意してください。奥方もごいっしょとのことなので、その点、安心しておりますが、我々も50の大台です。これを機に、仕事漬けの生活を改めてみるというのはいかがでしょうか。

❸**北陸支社に行かれるそうですが、あちらは海の幸が格別うまいと聞きます。**次の16期会は金沢で開催するというのもいいですね。それまでに金沢のリサーチをぜひお願いしますよ。

慣れない地でお体を壊すことのないよう、くれぐれもご自愛下さい。　草々

書き方のコツ

❶**相手の気持ちを思いやる**
社外の者に左遷の理由に触れられるのは、気分のよいものではありません。今の気持ちを察する程度にとどめましょう。

❷**仕事に固執しすぎない**
50歳を過ぎての左遷は、先々の希望が見出しにくいケースが少なくありません。仕事の話題は掘り下げないほうが賢明です。

❸**話題を変える**
赴任先での明るい話題を探し、さりげなく元気づけます。ただし、その話題が中心になると、人によっては嫌みや皮肉ととられることがあるので気をつけましょう。

文例207

左遷で赴任した同僚への手紙

●降格・左遷への励まし　●手紙　●30代男性→30代男性

拝啓　仙台の夏は涼しいと聞きますが、そちらのようすはいかがですか。少しは荷物も片づいたでしょうか。

❶**突然の人事でゆっくり話もできなかったためか、いまだに名残惜しく思っています。**中田様もこのたびの異動にはさぞ悔しい思いでいることでしょう。

❷**中田様とは支店長会議で顔を合わせて以来、東京支部の売り上げをいかに伸ばすか、いつも意見を戦わせてきましたね。**互いの店の成果を自慢し合ったり、ときには上からのプレッシャーに愚痴を言い合ったりもしました。私の店が業績を上げてこられたのも、中田様との切磋琢磨した日々があったからだと確信しています。私にとって大事な時期に、よきライバルを得られたこと、本当に感謝の極みです。

❸**東北支部は支店がまばらですから、話し相手は限られるかもしれませんが、中田様の実直さに心打たれる新たな理解者が、きっと現れることでしょう。**仙台支店の業績上昇の報告が聞かれる日を楽しみにしています。

転地でのご活躍を心よりお祈りいたします。

敬具

●**おたよりの理由**　左遷で赴任した同僚に、これまでの感謝を伝え、赴任先での仕事を応援します。

書き方のコツ

❶**気持ちを伝える**
左遷に対する残念な気持ちを伝えるとともに、相手の気持ちを察します。

❷**感謝のことば**
具体的なエピソードをあげ、感謝の気持ちを伝えます。仕事の同士であれば、適切なエピソードをしたためることで、相手に自信を取り戻してもらうこともできます。

❸**今後への期待**
相手の状況をふまえ、期待のもてる話題で元気を出してもらいます。ただし、あまり現実から乖離《かいり》した内容にならないようにします。

文例
208

理不尽な理由で降格した同僚への手紙

●降格・左遷への励まし ●手紙 ●40代女性⬇40代男性

●おたよりの理由　理不尽な降格をともに嘆き、復帰のために協力を惜しまないことを手紙で伝えます。

前略　このたびの人事の件、本当に驚きました。北澤様の心中をお察しするたびに、憤まんやるかたない気持ちになります。

❶**そもそも今回のプロジェクトは全社一丸となって行われていたはず。にも関わらず、責任の所在が北澤様に転嫁されていることに、私自身まったく納得がいきません。**北澤様もきっと不本意でいらっしゃったことでしょう。

❷**サラリーマンである以上、会社の命に背くわけにはまいりませんが、北澤様の実力は私ども営業部の人間であればだれもが知るところです。**製造管理部で充分にお力を発揮され、また、第一営業部に戻ってきてください。私をはじめ各課の課長以下、部下全員が首を長くして待っております。

❸**慣れない仕事でしばらくは気苦労も多いことと思いますが、製造管理に席を置く知人にそれとなく聞いてみたところ、残業は多くないようです。**営業部で酷使した体を少しいたわってみてはいかがでしょうか。また、北澤様にご意向があれば、この知人と一席設ける手配もさせていただきます。

いつでもご連絡をお待ちしております。

かしこ

書き方のコツ

❶ともに憤る
社内の事情を知る立場であれば、ともに憤り、嘆くことで、相手の気持ちに共感していることを伝えられます。

❷復帰を願う
現実を踏まえ、復帰に対する希望をもってもらいます。

❸力になる旨を伝える
相手のために協力する気持ちがあることを、具体的なエピソードをあげるなどして伝えます。ただし、人によっては秘かに次の職務に移行したいというケースもあるので、相手の性格や、つき合いの深さなどで判断しましょう。

● 降格・左遷への励まし ● メール ● 20代女性→40代男性

文例209 課の責任を取って左遷する上司へのメール

● おたよりの理由　業績不振の課の責任を取って左遷する上司に、課を代表しておわびと感謝のメールを送ります。

三浦　良和　課長
今回の人事、本当に残念です。

これも私たちの力不足のせいであると、三課全員後悔の念に堪えません。

私たちが謝って済むことではありませんが、あらためてお詫びさせてください。大変申し訳ありませんでした。

課長には、入社当時からよくしていただきました。一人前の社会人として仕事ができているのも、ビジネスマナーをはじめ、あらゆることを教えてくださった課長のおかげです。

正直なところ、課長がおられなくなるのは不安ですが、次に課長とお仕事をさせていただくときに、少しでも成長した姿を見ていただきたいと思っております。

三浦課長、これまで本当にお世話になりました。

新任地ではお体をお大事にされてください。

松木　礼子

● 降格・左遷への励まし ● メール ● 40代女性→40代男性

文例210 降格になった夫へのメール

● おたよりの理由　夫の降格を聞かされ、その場で適切なことばをかけられなかった妻が、励ましのメールを送ります。

パパへ
いつもお仕事お疲れさまです。

昨夜話を聞いたときは、あなたを避けるような態度をとってしまいました。ごめんなさい。

でも、怒っているわけでも、落胆したわけでもないの。ただ私自身混乱してしまって、どう接していいかわからなかっただけなんです。それだけはわかってね。

パパにはいつも感謝しています。

宏の学校の行事に出てくれたり、おじいちゃんの通院の付添いをしてくれたり。

私が好きな仕事を続けられるのも、パパが家のことに協力してくれるおかげです。ありがとう。

これからは、私がパパの力になれるようにがんばりますね。

少しはお酒をひかえて、いつまでも元気でいてね。

ママより

文例
211

再就職に向けてスキルアップに励む友人への手紙

●就職活動への励まし ●手紙 ●50代男性→50代男性

拝啓　日増しに秋の深まりを感じる今日このごろ、ご家族のみなさま、いかがお過ごしでしょうか。

貴殿が就職活動に励んでおられる旨をうかがい、正直驚きました。❶**この年で新たな職を求めるのがどんなに苦労なことか、小生とて想像に難くありません。**貴殿が話してくれたように景気はいまだ回復せず、新卒者でも職業とのマッチングが難しいと聞きます。

❷**そのようななか、貴殿は就職に必要なスキルを身につけるために、パソコンのプログラミングと法規制について勉強しているという。**まったく頭が下がる思いです。

❸**それに、その話をしてくれたときの貴殿は、20歳も30歳も若返って見えました。**きっと新しい目標に向かって邁進されているからでしょう。その力強さに小生のほうが勇気づけられる思いでした。

どうかお体をお大事に。貴殿が存分に活躍できる職場と出合えますよう、心よりお祈りしております。

敬具

●おたよりの理由　再就職の活動中の中年の友人に、その難しさに共鳴しつつ、激励の手紙を送ります。

書き方のコツ

❶相手の状況を察する

相手が再就職する理由に言及しない限り、手紙でも触れないほうが賢明です。相手の心中を察することばで、理解していることを伝えましょう。

❷努力を認める

再就職のために努力していることがあったら、それを認めることで、応援する気持ちを伝えましょう。

❸元気づける

本人にしてみれば、努力しても報われないのではないかと弱気になることもあるものです。そんなとき、第三者の後押しは励みになります。

再就職活動で悩んでいる後輩への手紙

●就職活動への励まし ●手紙 ●30代女性→20代男性

拝啓　寒さもやわらいできましたが、その後、就職活動の状況はいかがですか。

年末に話を聞いたときは少々驚きました。斉藤君はどんな状況でも途中で道を変えたりしないと勝手に思っていたのです。ですから、5年勤めた会社を退職し、再就職に向けて活動していると聞いたときは意外でした。❶君は詳しい話をしようとしなかったけど、余程思うところがあったんですね。

それにしても、新しい仕事が決まる前に退職してしまうとは。❷けじめをつけないと前に進めないあたりは、君らしいというべきでしょうか。

君も言うように、新卒でないことが、就職活動において一つのハンデになることは否めないでしょう。

❸ですが、5年間で得た社会人としての知識、経験、そして即戦力は、新卒者であることをはるかに凌駕する、君のアピールポイントであると私は思います。いつもまっすぐに突き進む斉藤君の魅力は、人事担当者にもきっと理解されることでしょう。今度こそ、斉藤君の実力が発揮できる仕事に巡りあえますよう、お祈りしています。

かしこ

●おたよりの理由　再就職の活動中であることを聞いた後輩に、その後のようすをうかがい、励ます手紙を送ります。

書き方のコツ

❶疑念は表さない
退職した理由や状況が理解できなくても、追求したり疑問を投げかけたりせず、相手の状況を受入れることばをかけます。

❷理解を示す
相手が一般的とはいえない行動をとったとしても、突き放さず、相手の性格を踏まえたうえで理解を示します。

❸自信をつけることば
相手が不安に思っていることに対し、自信を取り戻すことばで励まします。

文例
213

就職が決まらない甥への手紙

●就職活動への励まし ●手紙 ●50代女性→20代男性

前略　このたびの入社試験の結果が思わしくなかったと聞き、とても信じられない思いです。第一志望の会社だと聞いていましたから、章夫君もさぞ悔しい思いをしていることでしょう。

❶うちの陽介が話していたのですが、就職活動も年々難しくなっているそうですね。勉強ができるだけでなく、インターンシップやボランティア活動などの経験も大事なのだとか。章夫君が夏休み返上でインターンシップに参加していた理由がようやくわかりました。

就活もまだ始まったばかりなのでしょう。周りに内定をもらった人がいると言っていましたが、人は人、自分は自分です。**❷陽介のことを引き合いに出すのは、章夫君に失礼かもしれないけど、希望していなかった会社で力を発揮できることもあります。**

❸ずっとまじめに努力してきた章夫君のことだもの、次こそはきっと大丈夫。気を落とさずに、これからも就活に励んでください。おばさんも陰ながら応援しています。

かしこ

●おたよりの理由　就職活動がうまくいっていない甥に、自信をもつよう励ましの手紙を送ります。

書き方のコツ

❶相手の立場に近づく
おばと甥という関係は、一般的に共通項が多くありません。相手のおかれた状況を多少は理解しているということを、具体的なエピソードで示します。

❷身近な例をあげる
身近に適当な例があれば励ますための1つの要素となります。ただし、学歴や才能、立場などが違い過ぎると、反感を買うことになるので気をつけましょう。

❸応援のことば
親兄弟ほど近い関係でないからこそ、素直な応援のことばが相手の心に届くこともあります。

●就職活動への励まし　●メール　●40代女性→40代男性

文例 214

再就職が決まらない友人へのメール

●おたよりの理由　再就職が決まらない中年の友人に、協力を申し出るメールを送ります。

宮間　聡　様
ご無沙汰しております。

その後、再就職の件は進んでいらっしゃいますか。

私の周囲でもあまり景気のよい話を聞きませんので、ご苦労されていらっしゃるのではないかと心配しています。

やはりこれまでの経験を生かせる製造の現場をご希望なのでしょうか。

40代も半ばになると、確かに新しいことを覚えるのもひと苦労ですよね。私も近ごろ物覚えが悪くなっていることを痛感しています。

ですが、宮間様はもともと素養がおありですから、どのようなお仕事でもこなせてしまわれるのではないでしょうか。

私でお役に立てるようでしたら、いつでもお声をかけてください。できる限りご協力させていただきたいと存じます。

大野　里美

●就職活動への励まし　●メール　●20代男性→20代女性

文例 215

就職活動で悩む後輩へのメール

●おたよりの理由　就活で悩む後輩に、経験を踏まえたことばで励ましのメールを送ります。

岩清水　美津子　様
先日は連絡ありがとう。

大和商事の件は残念でしたね。

君のような優秀な学生が不採用とは、今年の就活はかなりレベルが高いんだろうな。

大和商事は昨年の採用人数が多かったから、今年は狭き門になっていたのかもしれないね。

就職は巡りあいなんじゃないかと、僕は思う。

互いのニーズが合致していても、タイミングが合わないとすれ違ってしまうこともあるんじゃないかな。

君は今、意気消沈しているかもしれないが、そんな必要はないよ。君の実力を欲している企業が、今も君と巡りあうことを待っているはずだ。

まだまだ先は長い。岩清水　ファイト!!

岩渕　敏夫

文例
216

一家で赴任する息子への手紙

●転勤への励まし ●手紙 ●60代女性→30代男性

拝啓 ❶**早春の候**、いかがお過ごしですか。こちらもようやく寒さがやわらいで、あたたかな陽がさすようになってきました。

転勤の準備は進んでいますか。❷**あなたのことだから、夏美さんに任せきりになっているのではないですか。**一家四人の引っ越しの準備となると、相当な労力のいる仕事です。会社が忙しいのはわかりますが、あまり夏美さんに負担をかけないようにね。それに、主婦にも主婦のつき合いというものがあるのですよ。いっしょに行ってくれることに感謝の気持ちを忘れないでね。

それから篤志と尚人の転入先はもう決まっているのですか。❸**二人とも中学受験をさせるつもりだったようだから、あなたたちは残念でしょうね。**でも、小さなうちに自然のなかでの生活を体験させるのも、悪くないのではないかしら。男の子だから、たくましくなってくれるといいわね。

北海道はまだ寒いのでしょうね。風邪などひかないように気をつけて。

休みがとれたら、たまには山口にも帰ってきてください。母はいつでも待っています。

かしこ

●おたよりの理由　一家で赴任する息子に、現況を案じ、予定が崩れたことに対する励ましの手紙を送ります。

書き方のコツ

❶**時候のあいさつ**

「早春の候」は3月の漢語調の慣用句。ほかに「春陽の侯」「春風のみぎり」などの表現がありますが、実際の気候にそぐわないときは、口語調で、適切な表現を用います。

❷**家族への気遣い**

たとえお節介な内容になったとしても、妻や子どもへの気づかいが感じられると、母のありがたさを感じる手紙になります。

❸**相手の気持ちをくむ**

転勤についての不都合などがある場合は、相手の気持ちを察する内容で理解を示します。ただし、仕事の事情には踏み込まないほうが賢明です。

文例
217

単身赴任した友人への手紙

●転勤への励まし ●手紙 ●40代男性→40代男性

拝啓　花便りも届く今日このごろ、**❶そちらの生活には慣れましたか**。君が大阪に転勤となり早ひと月が経ちますが、深酒の相手がいなくなり、僕も熊谷も寂しい限りです。

❷どちらかといえばおっとりした君だから、大阪に行くと聞いたときは、少々心配しました。あの機関銃のようにしゃべる人たちもいるなかで、生き残っていけるのだろうかと。いや、大阪に対する勝手な想像だから、気にしないでくれ。ちなみに仕事のことは気にしてません。実力を見込まれての栄転だと、熊谷から聞いているからね。

だが単身赴任はやはり心配です。君のことだから、ついオーバーワークになってしまうんじゃないだろうか。僕なら、ここぞとばかりに思いっきり羽を伸ばすんだがな。

❸次に会うときには、しゃべり好きでせっかちな男に変身した君と飲むのを楽しみにしてます。

働き過ぎと飲み過ぎに注意して、くれぐれもご自愛ください。

敬白

●おたよりの理由　単身赴任した友人に、転地でのようすをたずね、元気づける手紙を送ります。

書き方のコツ

❶安否を気遣うことば
すでに転勤している場合、相手から連絡がないときは、ひと段落したころに手紙を出して様子をうかがいます。

❷心中を察する
新しい環境はだれでも緊張するものです。親しい間柄であれば、相手が不安に思っていそうなことをさりげなく記すと、相手の気持ちに寄り添うことができます。

❸元気づける
相手との関係性にもよりますが、左遷による転勤でなければ、多少の軽口で相手を元気づけることもできるでしょう。

文例
218

夫が海外に単身赴任した友人への手紙

●転勤への励まし ●手紙 ●30代女性→30代女性

前略　ご主人が海外赴任されてずいぶん経ちますが、ご不便はありませんか。❶**お子さんがまだ小さいのに、おひとりで育児をするのはたいそうご苦労なこととお察しいたします。**

ご主人様の赴任先は、インドネシアとおっしゃっておいででしたかしら。私は行ったことがないのですが、主人によれば、ずいぶん暑く、子どもやお年寄りには決して住みやすいところではないとか。小さなお子さんでは厳しい環境なのかも知れませんね。❷**きっとご主人様が単身で赴任されたのは、政子様へのご配慮だったのでしょう。**

ところで、次の連休は何かご予定がおありですか。主人が慰安旅行で留守にするのですが、❸**よろしかったらわが家へ遊びにいらっしゃいませんか。**たいしたおもてなしはできませんが、たまには女性だけで気晴らしでもしましょう。わが家にもチビが二人おりますし、ありがたいことに義母がよく面倒をみてくれるので、お気づかいにはおよびません。

それでは、ご連絡をお待ちしております。

かしこ

●おたよりの理由　夫が海外に単身赴任して久しい友人に、育児の苦労を察し、家に招待する手紙を送ります。

書き方のコツ

❶**現況を察する**
留守宅での生活の不安や不便さを察し、相手の気持ちを理解していることを示します。

❷**元気づける**
夫が単身で赴任した理由を好意的にとらえ、相手が安心感を得られるようなことばをかけます。

❸**手をさしのべる**
実際の行動で励ますことができる状態にあるなら、具体的なプランを提示します。その際、ひとりよがりな行動ではなく、相手が望んでいることを理解していることが大切です。

夫婦で海外赴任する弟への手紙

●転勤への励まし ●手紙 ●60代女性➡50代男性

前略　上海への赴任も、もうすぐですね。

佐和子さんから初めて聞いたときは、なぜあなたが行かなければならないのかと、納得がいきませんでした。会社で何かヘマでもしたのではないかと、佐和子さんを問い詰めてしまいました。

❶ですが、会社にとって大きな足がかりとなる重責を担って行くのだと知り、誇らしい気持ちになりました。ことばや習慣の違う人たちに囲まれて仕事をするのは並大抵のことではないと思いますが、思う存分尽力されますように。

向こうでの生活のことを思うと心配は尽きませんが、とにかく体にだけは充分気をつけてください。❷それからいっしょに行ってくれる佐和子さんのことをできるだけ気づかうように。社交的な人ではあるけれど、知り合いがひとりもいない異国の地で、あなただけを頼りに暮らす心細さは、計り知れないと思います。できれば日本人のお友だちができるといいのだけれど。

❸あなたがそちらにいるうちに、一度は遊びに行ってみようかしら。そのときはよろしくお願いしますね。

かしこ

●おたよりの理由　海外赴任する弟に、仕事への応援と、ともに行く義妹への気づかいを記した手紙を送ります。

書き方のコツ

❶応援することば

海外赴任は不安なことも多く、家族の応援は相手にとって大きな励みになります。ただし、赴任先や役職などによっては左遷の場合もあるので、事情がわからないときは、詳しい話に踏み込まないほうがよいでしょう。

❷義妹への気づかい

主婦という同じ立場だからこそ想像できる気持ちを伝えると、相手にとってより意味のある手紙になります。

❸結びのあいさつ

少々抜け目のないことでも、親族ならではの朗らかな雰囲気が伝わり、元気づけることができます。

文例
220

海外へ単身赴任する友人へのはがき

●転勤への励まし ●はがき ●40代男性→40代男性

前略　先日は、転勤の準備で忙しいなか、お宅に押しかけてしまい失礼しました。奥様にも佐々井が詫びていたとお伝え下さい。

ミャンマー行きが迫ってきましたね。商社勤めに転勤はつきものだが、あちらの国は政情不安定な地域もあると聞きます。❶**くれぐれも身の安全を第一に、仕事に励んでください。**

❷**それにしても５年は長いよな。**正輝君は高校に入学するくらいの年齢になるのではないか。支社の立ち上げとなれば、同じアジア圏といっても、そう頻繁に帰ってくるわけにもいかないだろう。

❸**だが、男の子は父親の背中を見て育つというからな。**君が向こうで実績をあげれば、正輝君にとっても立派なお手本になるし、赴任中に現地を見せるのも悪くないよな。やはり息子がいるというのは、父親にとっても夢がふくらむものだな。

とはいえ家族を残して単身行くのは気がかりも多いことだろう。心配なことがあったら、いつでもメール下さい。力にならせてもらいます。

草々

●おたよりの理由　単身、海外赴任する友人に、励ましとともに、残された家族への協力を伝えるはがきを送ります。

書き方のコツ

❶**励ましのことば**
赴任先の情報を踏まえ、それに適したことばを選ぶと、親身になっていることが伝わります。

❷**相手の気持ちに共鳴する**
たよりを送る前に相手と話したことがあるなら、その内容をふり返り、さらに話題を掘り下げることで、相手の気持ちに共鳴します。

❸**元気づける**
相手の不安や不満などネガティブな心情に共鳴した後は、明るい話題で元気づけます。

●転勤への励まし　●メール　●20代女性→20代女性

文例221 一家で赴任するママ友へのメール

●おたよりの理由　引っ越していくママ友に、感謝の気持ちを込めた励ましのメールを送ります。

トモちゃんママへ
引っ越しまであと一週間になってしまいましたね。

トモちゃんは、幼稚園のみんなとお別れすることをもう納得していますか。トモちゃんはおとなだから大丈夫かな。

トモちゃんは、ユイに初めてできたお友だちです。

だれにでも明るく接してくれるトモちゃんのおかげで、通園を嫌がっていたユイが、毎日楽しく園に行くようになりました。これはほんとうに助かりました。

私もトモちゃんママのおかげで、ママ友つき合いが苦痛でなくなりました。ありがとうございました。

トモちゃんも、トモちゃんママも、どこに行ってもたくさんのお友だちができると思うけど、あけぼの幼稚園の私たちのことを忘れないでくださいね。

引っ越しても、連絡してね。

ユイのママより

●転勤への励まし　●メール　●30代女性→30代女性

文例222 夫を残して単身赴任する同僚へのメール

●おたよりの理由　夫を残して単身赴任する同僚に、仕事に対する励ましと、転地での生活を案じるメールを送ります。

菊池　典子　様
福岡への転勤の件、内諾したそうですね。

さすが我が社が誇る“鋼鉄の女”!!

結婚してまだ3年くらいだし、子づくりのことも心配していたから、まさか引き受けないだろうと思っていたのですが、私が甘かった。

業績が落ち込んでいる福岡支社には、確かに典子の能力が必要ですよね。それに女性社員であっても数少ない役付となると、会社全体のことを考えなければいけないし。

同期入社の私としては、尊敬以外の何ものでもありません。

でも体調管理はしっかりね。それからご主人への連絡もマメにね。

“主婦歴だけは先輩”の岩井からのアドバイスです。

福岡に行く前に、一度は食事しましょうね。

岩井　裕美

文例
223

● 離婚への励まし ● 手紙 ● 40代女性→40代女性

離婚を決意した友人への手紙

前略　先日、貴女が離婚を決意されたと聞き、ほんとうに驚きました。これまで貴女が話していたことは、どこの家庭にでもありがちな愚痴だと、勝手に思っていたのです。

❶**貴女は長年のあいだ、悩みに悩みぬいて、娘さんが成人するまで堪えていたんですね。**そんな貴女の気持ちを理解できなかったこと、心苦しく思っています。

でも❷**同世代の女性として、貴女の決断がどんなに勇気が必要なことだったかは理解しているつもりです。**40代も半ばを過ぎて、だんだん先がみえてきて、希望と不安のあいだを行ったり来たりすることが多くなって、それでも決意したのは、余程のことだったのでしょうね。

貴女には能力を活かせる仕事があるし、成長した娘さんもいるから、これからのことよりも、むしろ悩み続けてきたあいだのほうが、つらかったのかもしれませんね。❸**これからはますます精力的に、仕事に、プライベートに充実した日々をお過ごし下さい。**陰ながら応援しています。

かしこ

● **おたよりの理由**　離婚を決意した同世代の友人に、相手の気持ちに共鳴し、応援する旨の手紙を送ります。

書き方のコツ

❶事情を理解することば
相手の意思で決めた離婚であっても、そこに至るまでの心情を察し、理解を示します。

❷悩みに共鳴する
同世代の友人なら、自分を相手の立場に置き換え、具体的なことばで相手に対する理解を示します。

❸結びのことば
相手にとってポジティブな離婚であれば、積極的な応援のことばで勇気づけることができます。ただしネガティブな場合は、気持ちを切替えるのに時間がかかることが多いので、相手の状態にあわせたことばを選びます。

文例 224

娘が離婚を決意した妹への手紙

●離婚への励まし ●手紙 ●60代女性→50代女性

拝啓　若葉が芽吹くさわやかな季節となってきましたが、そちらのようすはいかがですか。先日、理香子ちゃんが離婚すると聞いたときは、❶**わがことのように胸が苦しくなりました。**恵理子もさぞつらいことでしょう。

あなたは理香子ちゃんに忍耐が足りないせいだ、自分の育て方が悪かったと言うけれど、ほんとうにそうかしら。

❷**理香子ちゃんは社会人として立派に成長して一流企業に勤めているし、あんなに素敵な女性になったのも、あなたの育て方が間違っていなかったからだと思うの。**きっと私たちが育ってきたころとは時代が違うのよ。

今の時代、離婚は決して珍しいことではないでしょ。理香子ちゃんはまだ若いし魅力的だからやり直しがきくわ。子どもがいなかったことも、今となっては幸いだったわね。

❸**恵理子も気落ちしていると思うけど、理香子ちゃんはあなた以上につらいと思うの。**だからあまり責めないであげてね。あなたも私にもっと愚痴をこぼしていいのよ。いつでも連絡待ってます。

かしこ

●おたよりの理由　娘が離婚することを嘆く妹に、そのつらさに共感し、慰めと励ましの手紙を送ります。

書き方のコツ

❶共感を示す
日ごろつき合いのある親族であれば、強い感情表現をしても、違和感なく相手の気持ちに寄り添うことができます。

❷相手の嘆きを軽くする
落ち込んでいる理由がわかるときは、その理由をやわらかく否定し、自分の見方を加えることで、相手の気持ちを楽にします。

❸当事者への対応も助言する
相手を肯定することで離婚の当事者への批判が強くならないよう助言します。その際、身内への助言はことばがきつくなりがちなので気をつけましょう。

文例
225

●離婚への励まし ●手紙 ●30代男性➡30代男性

離婚して子どもとも離れて暮らす友人への手紙

前略　君から離婚の知らせをもらい、大変驚いています。

　昨年の夏に一家でお邪魔したときは、羨ましいほど仲のいいご夫婦とお見受けしたので、いまだに信じられません。

　❶**隆君は清美さんに引き取られたと書いてあったが、それは寂しいな。**小学二年生ではまだ母親の手が必要だろうし、日中仕事に出ている父親が面倒見きれるものでもないから仕方ないが、こんなとき父親としての無力感に襲われる気持ちは、僕にも理解できるよ。

　❷**だが男の子には、いずれ父親が必要なときが来ると思う。**自分のことを振り返っても、思春期や進路を決めるとき、母親には相談できないこともあったしな。君たちの詳しい事情はわからないが、そんなとき頼りにされる存在でいられるといいよな。

　たまには連絡ください。暑気払いもかねて一杯やろうじゃないか。❸**それまでは、酒もそこそこにな。**ひとり酒は君には似合わないよ。飲みたくなったらいつでも声をかけてください。体だけは大切に。

草々

●**おたよりの理由**　離婚し、子どもとも離れて暮らすことになった友人に、共鳴と励ましの手紙を送ります。

書き方のコツ

❶**相手の気持ちを理解する**

離婚による相手のダメージがわかるときは、その痛みを理解することばを具体的に記します。ただし夫婦の話題は、余程事情に通じていない限り、踏み込みすぎないほうがよいでしょう。

❷**明るい話題を取り入れる**

現実から乖離《かいり》しすぎない程度に、希望のもてる話題に切り替えます。

❸**結びのことば**

相手の憂さのはらし方が日常生活に影響を及ぼすことがわかっている場合は、心配していることを伝えます。相手によってはプライドを傷つけないよう、ことばを選びます。

●離婚への励まし ●メール ●30代女性→30代女性

文例226

離婚したことで仕事を始めた友人へのメール

●おたよりの理由　子どもを抱えて離婚した友人に、仕事や生活面の心配をするとともに、協力をする旨のメールを送ります。

織田　信子　様
仕事は慣れましたか。

卒業後すぐに結婚した信子が、30歳を過ぎて初めて仕事をするのは、いろいろ苦労も多いことだと思います。

信子が離婚したと聞いたときは、自分の耳を疑いました。

学生時代から仲のよかったふたりが、別々の道を歩く日が来るなんて、きっとだれも想像できなかったと思います。

ほんとうに残念です。

だけど、すぐに仕事を探して、毎日飛び込みで外回りをしていると聞き、頼もしく思っています。母は強し。

ただ無理をして、体を壊さないでね。手伝えることがあったら、何でも言ってください。

それから秀夫君の遊び相手が必要なときは、いつでも声をかけてね。康行も楽しみにしています。

豊田　徳子

●離婚への励まし ●メール ●50代男性→20代男性

文例227

離婚を決意した甥へのメール

●おたよりの理由　離婚の決意をした甥に、社会人の先輩として、慰めと励ましのメールを送ります。

目黒　元彦　様
元彦君が離婚する旨、君の父上から聞きました。

何事にも慎重な君が、いつにも増して悩んで出した結論だと、克彦は言っていたよ。

悩んでいるあいだ、ずいぶんしんどかっただろうな。君の心中を察すると、私もつらくなる。

だが、もう充分悩んだんだ。あとは、自分で決めた道を前進してください。

君はまだ若い。職場で嫌な思いをするかもしれないが、それもいっときのことだと思う。自分の進むべき道を歩いていれば、いずれ新たな伴侶にも巡り会えるだろう。

どうか気を落とさずに、前を向いて歩いてください。

頼りない伯父ですが、私でよければどんなことでも相談にのります。

目黒　義彦

文例 228

●婚約破棄・婚活への励まし ●手紙 ●50代女性→30代女性

婚約破棄になった友人への手紙

●おたよりの理由　婚約破棄の知らせをくれた友人に、気を落とさないよう慰め、励ます手紙を送ります。

前略　婚約を解消されたとの思いもよらない知らせを聞き、大変驚いています。

年末におふたりにお会いしたときは、とても素敵なパートナーを見つけられたと喜ばしい気持ちでいっぱいでしたから、残念でなりません。品川様もさぞお気を落としのことでしょう。

ですが、❶**縁というのは、人の力ではどうしようもないものですよね。**結びたくても結べない。結ぶつもりはなくとも、いつまでも繋がっている。今はまだお気持ちの整理がつかないかもしれませんが、今回は縁がなかったものと思い定めて、次の縁が結ばれるのをお待ちになってくださいませ。

❷**才色兼備の品川様のこと。きっと新たな縁が結ばれるのも、そう遠くないのではないでしょうか。**

それまで趣味やお稽古ごとなどで、ますます人間性に磨きをかけて、より素晴らしい男性と巡りあってくださいね。

❸**次こそは、一生ほどけぬ縁が結ばれますよう、**心よりお祈り申しております。

かしこ

書き方のコツ

❶**慰めのことば**

やむを得ないことであることを記し、慰めます。さほど親しい関係でない場合は、相手の事情に踏み込んで、感情的にならないほうがよいでしょう。

❷**元気づける**

相手の長所をほめて自信を取り戻してもらい、希望のあることばで元気づけます。

❸**結びのことば**

「遠からず、よい知らせが届きますよう」「再び恋の花が開くときを」などの表現もあります。

●婚約破棄・婚活への励まし　●メール　●40代女性→50代女性

文例229 娘が婚約破棄になった姉へのメール

●おたよりの理由　娘が婚約破棄になったことで寝込んでしまった姉に、元気になってもらうようメールを送ります。

智江姉さん
体調はいかがですか。

亜矢子ちゃんのこと、お気の毒でしたね。

相手の方のこと、姉さんもお義兄さんもとても気に入っていたようすだったから、気持ちが落ち込むのも無理はないわ。

でも姉さんが倒れてしまったら、みんなが心配するし、亜矢子ちゃんも今以上に責任を感じて、もっとつらくなると思うの。

姉さんには酷なことだと思うけど、早くいつもの元気な姉さんに戻ってね。

亜矢子ちゃんも少し時間が経てば、立ち直れるはずよ。

姉さんに似て芯の強いところがあるから。

私にできることがあれば、何でも言ってください。

また連絡しますね。

仁江

●婚約破棄・婚活への励まし　●メール　●50代男性→50代男性

文例230 婚活に失敗した友人へのメール

●おたよりの理由　婚活仲間である友人が、婚活に失敗。彼を励まし、元気づけるためのメールを送ります。

大崎　滋　様
件《くだん》の女性とのこと、うまくいかなかったそうで誠に残念です。

趣味の同じ女性と出会い、美術館デートの約束をしたというメールをもらったので、いい知らせを聞けるのも間近かと楽しみにしていたのですが、このような結果になろうとは。

互いの相性が良くても、それぞれに背負ってきた人生や家族がありますから、そう簡単にはいかないものですね。

かく言う小生も、壁にぶつかりっぱなしです。

ですが、こうしてさまざまな女性と話をする機会があることで、新たな発見をすることもあり、この年で人生勉強をしている気にさせられます。

この先の長い人生をともに歩んでくれるよき伴侶を見つけるまで、お互い頑張りましょう。

大塚　雄二

文例
231

●受験への励まし ●手紙 ●40代女性→10代男性

受験に失敗した甥への手紙

●おたよりの理由　受験に失敗した甥に、人生の先輩として失敗を慰め、励ます手紙を送ります。

前略　❶今回の入試が不本意な結果であったと聞き、とても残念に思っております。

信也君が頑張っていることはあなたのご両親から聞いていたから、おばさんはいまだに信じられない思いです。

ですが、❷だれの人生にも山もあれば谷もあります。常に登り続けていられることはなく、また歩き続けてさえいれば、必ず谷から抜け出せるものです。それに、これまでの努力は決して無駄にはなりません。次に進むための土台ができているのですから、それを踏み固め、さらに積み上げて、今より高いところに登れるのではないでしょうか。

目的に向かって努力し続けることができるというのは、社会に出てからも大きな財産になります。今はまだそこまで考える余裕はないかもしれませんが、どうか気を落とすことなく、もう一度目標に向かって歩いてください。

❸気分転換に一度遊びに来ませんか。田舎の空気が頭をすっきりとさせてくれると思いますよ。

かしこ

書き方のコツ

❶慰めのことば

「この度は、望みがかなわなかったと聞き」「入試の件、今回は努力が報われなかったそうで」などの表現もあります。

❷元気づける

人生の教訓を、できるだけ説教臭くならないように伝え、元気を取り戻してもらいます。

❸結びのことば

それまで人生訓や励ましのことばなど、かたい内容を書き連ねたときは、ほっと息抜きできることばで締めくくると、相手が受入れやすくなります。

●受験への励まし ●はがき ●20代男性→10代女性

文例232

受験生の後輩へのはがき

●おたよりの理由　受験を間近に控えた後輩に、経験者としてのアドバイスをし、励ますはがきを送ります。

前略　受験勉強の進み具合はどうですか。槙原のことだから、毎日計画通りにきっちりやっているんだろうな。

でも無理はするなよ。勉強はもちろん大切だが、本番に実力を発揮できる体調でなければ元も子もないからな。睡眠時間を削ったり、食事を抜いたりしないで、体調管理にも気をつけるように。数分間、ボーッと何も考えないのも、案外いい頭の切替えになるぞ。

槙原は基礎学力はしっかりついているんだ。あとは試験の傾向と対策を反復するだけだろう。

決戦まであとわずか。健闘を祈ります。

草々

●受験への励まし ●メール ●30代女性→20代男性

文例233

資格試験に失敗した同僚へのメール

●おたよりの理由　資格試験に不合格だった後輩に、チャレンジ精神をたたえ、再起を促すメールを送ります。

高橋　正也　様
今回の試験、残念でしたね。

狭き門であることは知っていましたが、高橋君の実力をもってしても突破できないとは、相当な難関だったのですね。

でも、多くの人がはじめからあきらめて尻込みする試験に、果敢に立ち向かったというだけでも、高橋君に対する評価は上がっているのではないでしょうか。

それに、試験の傾向が掴めたのでは？

先例が少ないから、受験すること自体が貴重な経験になったことでしょうね。

スキルアップをめざす高橋君にとっては、次こそが正念場。

ここでくじけず、最後までやり遂げてください。そして今度こそ、良い報告が聞けますように。応援しています。

住田　美鈴

文例234

定年退職後、嘱託で働く友人への手紙

●定年退職への励まし ●手紙 ●50代男性→60代男性

拝啓　さわやかな秋晴れが続く昨今、いかがお過ごしですか。

❶**このたび無事に定年を迎えられましたこと、遅ればせながら心よりお祝い申し上げます。長いあいだ、大変お疲れさまでございました。**

植木様にうかがったところ、現在も嘱託で勤務されているとのこと。私などは35年勤めたらもう充分などと思っているのですが、さすがは昔から仕事熱心だった大村様ですね。できる限り会社に貢献したいとご決心なさったとか。我々凡庸な人間にはまねのできないことです。

ですが、❷**体が元気なうちは適度に労働し、社会と接点をもつのもよいかもしれませんね。**家内にその話をしたところ、大村様を見習うようにと尻を叩かれました。

❸**嘱託ではいままでと勝手が違うこともあろうかと思いますが、**くれぐれも無理をなさいませんように。適度に遊び、第二の人生を楽しんでください。

またコースでごいっしょできる日を楽しみにしております。

敬具

●おたよりの理由　定年退職後、嘱託で働く友人に、お祝いと第二の人生に対する励ましの手紙を送ります。

書き方のコツ

❶ねぎらいのことば
まずは定年退職に対する祝いと、無事務めを果たしたことに対するねぎらいのことばを記します。

❷相手の選択に理解を示す
すべての人が望んで定年後も働くわけではありません。事情はともあれ、ポジティブな話題で相手の選択に理解を示します。

❸心情を察する
一般的に、正社員と嘱託では待遇が大きく変わります。相手の不本意な気持ちも汲み取りつつ、第二の人生を応援します。

文例
235

●定年退職への励まし ●手紙 ●70代女性→60代女性

夫が定年退職を迎えた友人への手紙

●おたよりの理由　夫が定年退職を迎えたのを機に、故郷に帰る友人に、新たな人生への励ましの手紙を送ります。

拝啓　寒さもいちだんと厳しくなってまいりましたが、お元気でいらっしゃいますでしょうか。

このたびは、ご主人様が無事定年を迎えられたとのこと、心よりお喜び申し上げます。❶**これも千香子様の長きにわたる献身があっての賜物でしょう。**ご夫婦ともに、本当にお疲れさまでございました。

これを機に、ご主人様の故郷で農業を営まれるとのことですが、準備のほどはいかがですか。

私は家庭菜園もやったことのない素人なもので何の知識もありませんが、一から野菜を作るというのは、ご苦労も多いのでしょうね。❷**それでも果敢に挑もうとされるおふたりの信念に、胸が熱くなる思いです。**

❸**けれど自分で作った野菜を食するときの喜びは、何ものにも変え難いのでしょうね。**おふたりに、そのような日が一日も早く訪れることを、心よりお祈りしています。

どうかお元気で。ご自愛されますように。

かしこ

書き方のコツ

❶ねぎらいのことば

定年退職した夫だけでなく、手紙の相手である友人へのねぎらいのことばも記します。

❷相手の選択に理解を示す

たとえ成功する確信のないことでも、相手が選んだ生き方に対し理解を示し、温かいことばで応援します。

❸希望のもてることば

新しい人生に不安はつきものですが、そうした不安を軽くしてあげられるような明るい話題で、相手を元気づけます。

文例
236

定年退職後、起業する同僚へのはがき

●定年退職への励まし●はがき●60代男性→60代男性

残暑厳しき折、いかがお過ごしですか。

このたび無事に定年を迎えられましたこと、あらためてお祝い申し上げます。

❶**貴兄とは同期入社のなかでも何かと接点が多く、とくに新規事業部立ち上げの際には、粉骨砕身して働いたものでした。**小生もこの冬には定年を迎えますが、❷**このような充実した会社員人生を送れたのも、貴兄という好敵手が身近にいてくれたおかげと感謝しております。**

定年後は趣味の釣りを極められるものと思っておりましたが、聞くところによると、起業の準備をされているとか。❸**いかにもバイタリティー溢れる貴兄らしいご決断と恐れ入りました。**

確かに還暦を迎えても隠居するほど足腰が弱っているわけでなし、これまで仕事一筋に生きてきた我々のような会社人間が、社会とすっぱり縁を切れるものでもありますまい。

ですが起業にストレスはつきものとうかがいます。どうか体調には充分ご留意ください。
会社の成功を心よりお祈り申し上げます。

●おたよりの理由　定年退職を迎えて起業する同僚に、ねぎらいと感謝を伝えるとともに、激励のはがきを送ります。

書き方のコツ

❶職場での思い出
長い時間をともに過ごした同僚だからこそ語れる思い出や気持ちを振り返ることで、労をねぎらいます。

❷感謝のことば
仕事で世話になったことなどに対し感謝を表します。

❸相手の選択に対する賛同
相手が決めた第二の人生に対し、賛同の意を表します。とくに起業や再就職など新たな環境で働く場合は、賛同を示すことで自信をつけてもらうことができます。

● 定年退職への励まし ● メール ● 40代女性↓60代男性

文例 237

定年退職後、再就職する上司へのメール

● おたよりの理由　定年退職後、子会社に再就職する上司に、これまでの感謝と今後の励ましをかねたメールを送ります。

上原　哲春　部長
このたびは無事に定年を迎えられ、誠におめでとうございます。長いあいだお疲れさまでございました。

上原部長には、いろいろとご指導いただき、私を始め営業部一同、心より感謝しております。

とくに部長が座右の銘としておられる「一意専心」は、もはや我が営業部の行動理念として根付いているほどです。

定年されたのちは、△△商事にお勤めになられるとうかがっております。

私どもが直接お会いすることはなくなるかと思いますが、同じグループ企業の一つとして、今後とも、不出来な部下を見守っていただけますようよろしくお願いいたします。

どうぞお体に気をつけて、新しい職場でもますますご活躍されますことを、営業部一同、心よりお祈りいたしております。

営業部を代表して　馬場　悦子

● 定年退職への励まし ● メール ● 30代女性↓60代女性

文例 238

定年退職した母親へのメール

● おたよりの理由　定年退職した母親に、お祝いと感謝のことば、今後の人生への励ましをメールで送ります。

母上様
無事に定年退職を迎えられ、ほんとうにおめでとうございます。あらためてお祝いさせてもらいますが、お祝いのことばだけでも先に伝えたくてメールしました。

仕事をしながら私たち姉妹を育てるのは、とても大変なことだったと思います。

小さいころは、鍵っ子だったことで寂しさを感じることもあったけど、2人の子どもをもつ母親となった今、それがどんなに苦労の多いことか、私にも理解できます。

これからは、少しのんびりして長年の疲れを癒して欲しいところですが、その反面、ワーカホリックのお母さんがずっと家にいるのも心配です。趣味や習い事など新しいことを始めて、第二の青春を謳歌してください。

たまには孫の顔も見に来てね。

節子

励ましへの返礼の書き方

まず率直に感謝の気持ちを伝える

失業や事業の失敗、離婚や受験の失敗など、人生のピンチに立ったとき、親しい人からの励ましの手紙やメールほどありがたいものはありません。温かいことば1つが前向きに生きるきっかけになることもあります。

そうした手紙をいただいたら感謝の気持ちを率直に伝えることが大事です。手紙やメールによって、「暗い気持ちが明るくなった」「やり直すきっかけになった」「心配してくれる人がいることが励みになった」など、どう感じたかを具体的に述べるとよいでしょう。

前向きに生きる決意を表明する

手紙をいただいたとき、実際には心の整理がつかない状況でも「まだ気力がわかない」「どうせ、この先いいことない」など相手を心配させるような返礼は大人げない態度です。

「今回は良い経験をした」「これから精いっぱい努力する」など、相手を安心させる内容にまとめるのがマナーです。

まだ再起が図れていない場合でも、いただいたまま返礼を出さないでいたら、相手を心配させることになります。

数日内にとは言わないまでも10日くらいをめやすにお礼のお便りを出したいものです。現在の状況を詳しく説明する必要はありませんが、前向きに生きる決意を表明し相手を安心させることが大切です。

就職に成功したり、離婚後の生活がやっと落ち着いてきたりしたら、あらためて再起が図れたことを報告するとともに、多大な心配をかけたことをお詫びしてお礼のことばを述べましょう。

文例
239

失業時に励ましてくれた友人への手紙

●失業への励ましの返礼 ●手紙 ●40代男性→50代男性

前略　①先日は心のこもった手紙を頂戴し、誠にありがとうございました。ひどく塞ぎ込んでいた時期でしたので、救われる思いでした。

②入社して20年、ようやく責任ある役職につき、若いころより思い描いていた仕事ができるようになった矢先のことでしたので、退職を余儀なくされたことはまさに青天の霹靂《へきれき》でした。ですが、部署再編で営業職に転換となるより、開発の現場で自己の夢を実現することを選んだ結果ですから、今でも会社を辞したことに後悔はしていません。

ただ思いのほか再就職の道が厳しく、これまでの実績が評価されないことに、しばらく落ち込んでいました。そんなことで、お礼を申し上げるのが遅くなってしまいました。ご心配いただいたのに、申し訳ありませんでした。

③現在は、古いつてなどを辿って、精力的に再就職先を探しております。このような前向きな気持ちになれたのも、寺田様のことばに励まされ、自信を取り戻すことができたからにほかなりません。心より感謝しております。

就職先が決まりましたら、あらためてお礼にうかがいます。

草々

●おたよりの理由　失業時に励ましてくれた友人に、お礼と現在の状況を報告する手紙を送ります。

書き方のコツ

①お礼のことば

励ましの手紙をもらったことに対して、まずはお礼のことばを述べ、それがどれほど自分を力づけてくれたかを記します。

②事情を伝える

相手が心配してくれたことに応える意味でも、可能な範囲で退職に至った事情を伝えます。ただし相手の気分を重くするような内容の場合は、踏み込み過ぎないように気をつけましょう。

③現状を報告する

現状や今後の展望などを記し、相手の励ましに応えます。

文例
240

閉店時に励ましてくれた仕事関係者への手紙

●閉店への励ましの返礼 ●手紙 ●30代女性→60代男性

●おたよりの理由　閉店に際して励ましてくれた商店街の関係者に、感謝の手紙を送ります。

拝啓　桜の花もほころんでまいりました今日このごろ、梅津様におかれましては、❶**ますますご清栄のことと拝察申し上げます。**

商店街の店をたたみました折には、いろいろとご迷惑をおかけしたにもかかわらず、あたたかい励ましのことばをいただき、心より感謝しております。

店の看板を下ろした直後は、なぜ自分の店だけがこのような目にあうのだろう、場所が悪かったのではないか、などと周囲のせいにしたこともありました。

しかし時間が経つにつれ、開店当初の売り上げのよさに慢心していたことに気づきました。❷**商店街の皆様のお力添えに気づかずにいたのですね。**ほんとうにお恥ずかしい限りです。

今はまだ残務処理にかかりっきりで、次の店のことを考える余裕もないのですが、いつかまた皆様のもとへ帰れるよう精一杯努力する所存です。❸**そして今度こそ、商店街の活性化に一役買える店にしたいと思っています。**その折は、またよろしくお願いいたします。

梅津様のますますのご活躍を心よりお祈りしています。

かしこ

書き方のコツ

❶**相手を気づかうことば**
「ますますご健勝のこととお喜び申し上げます」「いかがお過ごしでしょうか」などの表現もあります。

❷**営業時の感謝**
営業していたときにお世話になったことに対する感謝の気持ちを、具体的なエピソードを交えて記すと、形式的になりがちな表現を避けることができます。

❸**再起の決意**
再び起業するつもりでいる場合は、現状を報告する際に再起の決意を明確にし、今後のつながりを絶やさないようにします。

文例
241

就職活動を励ましてくれた知人への手紙

●就職活動への励まし返礼 ●手紙 ●50代男性⬇50代男性

拝啓　虫の音に秋の気配を感じる今日このごろ、竹内様におかれましてはますますご活躍のこととお喜び申し上げます。

❶**先日は、お忙しいところ貴重なお時間を割いていただき、誠にありがとうございました。**ご迷惑を承知のうえでご相談させていただきましたが、大変参考になるお話を伺うことができ、ありがたく思っております。

ご存知のように、就職活動をはじめて早5カ月が過ぎ、なかなか見通しの立たない状況に、精も魂も尽き果てておりました。そのような折に竹内様よりご連絡を頂戴し、天の助けとばかりにすがった次第でございます。

❷**竹内様からご助言いただきましたように、現在、職種や勤務形態など幅を広げて会社を探しております。**おかげさまで、何社か面接まで進むことができました。さすが人事畑を長く歩いてこられた竹内様と、感服しております。

❸**まだ結果は出ておりませんが、希望の光に一歩ずつ近づいている感が得られたことで、前進する意欲が湧いてきました。**今度お会いするときはよいご報告ができるよう励みますので、今後ともよろしくお願いいたします。

敬具

●**おたよりの理由**　中年になっての再就職の活動を励ましてくれた友人に、感謝と現状報告の手紙を送ります。

書き方のコツ

❶**お礼のことば**
直接会うなどして時間をつくってもらったときは、必ずそのお礼を記します。

❷**相談に対する報告**
現況を報告する際に、相手からもらった助言をどのように役立てることができたかなどを記し、相手に「助言してよかった」と思ってもらえるようなことばをつづります。

❸**現在の心境を伝える**
相手が自分に与えてくれた影響を心境や行動の変化などで伝えると、喜んでもらえる手紙になります。

●転勤への励ましの返礼 ●はがき ●30代男性→60代女性

文例242

転勤を励ましてくれた母へのはがき

●おたよりの理由　家族を伴っての転勤を心配し、励ましてくれた母親に、近況報告とお礼のはがきを送ります。

春の日射しがまぶしい季節となりましたが、そちらはようやく残雪が消えたころでしょうか。

手紙ありがとうございます。おかげさまで仕事は順調です。豊と猛も新しい学校の手続きを終え、この春から5年生と2年生に編入します。学校に馴染むまではしばらく時間がかかるかもしれませんが、私と英子が注意して見守りますので心配しないでください。

英子は近所の料理教室に通い始め、すでに友だちもできたようです。東京での暮らしを子どもたち以上に名残惜しがっていたので少々気になっていましたが、本人も努力してくれています。

そちらはまだ寒い日が続くことと思います。母さんも体に気をつけてください。

●転勤への励ましの返礼 ●メール ●40代女性→50代女性

文例243

転居を励ましてくれた友人へのメール

●おたよりの理由　夫の転勤に伴い一家で転居した際に、励ましのメールをくれた友人に、お礼のメールを送ります。

園田　瞳　様
ご無沙汰しております。

先日は、メールをいただきありがとうございます。

まだこちらに友だちと呼べる人がいないこともあり、瞳さんからのメールを読んで、嬉しさのあまり涙が出そうになりました。ひと月しか経っていないのに、もう里心がつくなんておかしいですよね。

こちらは、蒸し暑い京都の夏をなんとかやり過ごし、ほっとひと息ついているところです。

主人も娘たちも、この暑さに辟易し、夕食後のかき氷がわが家の新たな習慣になってしまいました。

夏と冬は気候の厳しい京都ですが、食べ物もおいしいし、名所などもまわりきれないほどあるようですから、お時間ができたらぜひ遊びに来てくださいね。お待ちしています。

江川　ゆかり

文例
244

離婚時に慰めてくれた友人への手紙

●離婚への励ましの返礼 ●手紙 ●60代男性➡60代男性

拝啓　春爛漫の候、阿部様におかれましてはますますご健勝のことと拝察申し上げます。

過日は誠意あるお手紙を頂戴し、心よりお礼申し上げます。60歳を過ぎ、よもやこのような事態に陥るとは、思いもよりませんでした。

❶**40年近く連れ添い、仕事一辺倒の私を支えてくれた妻に、せめて定年後は楽をしてもらおうと思っていた矢先のことです。**定年の記念にふたりでどこかに旅行にでも行こうか、それともダイヤの指輪の一つも買ってやるほうが先か、などと考えてもいました。しかしすべては遅きに失しました。

❷**阿部様がおっしゃるように、夫婦でも会話がなければ気持ちが通じ合うことは難しいのですね。**ここまで割り切ることができたのも、阿部様にいただいたお手紙のおかげです。

❸**今では、長いあいだ尽くしてくれた妻に感謝しております。**阿部様は愛妻家でいらっしゃいますからご心配ないでしょうが、どうぞこれからも奥方を大切になさってください。まずはお手紙のお礼まで。

敬具

●おたよりの理由　高齢になっての離婚を慰めてくれた友人に、現状の報告を兼ねたお礼の手紙を送ります。

書き方のコツ

❶相手の心配に応える

相手との関係性にもよりますが、相手の心配に応えるためにも、できるだけ事情を伝えることが誠意ある対応につながります。ただし離婚相手を責めたり、相手を暗い気分にさせるような話題は避けましょう。

❷励ましのお礼

相手の手紙に励まされたことを具体的に伝え、感謝します。

❸現在の心境を伝える

今の心境や今後どのようにしたいかなどを記し、相手の手紙に応えます。

●婚約破棄への励ましの返礼 ●メール ●20代女性→30代女性

文例245 婚約破棄を慰めてくれたいとこへのメール

●おたよりの理由 婚約破棄を慰めてくれたいとこに、感謝のメールを送ります。

須賀　明美　様
メールをもらったのに、返信が遅くなってごめんなさい。

あれからしばらくは、携帯の電源を切り、家にこもっていました。バイトも休んで、実家にも連絡しなかったので、みんなにずいぶん心配をかけてしまったようです。

今回のことは、何が起こったか考えられないくらいショックでした。やっとチャペルのある式場が予約できたって、浮かれていたところだったから。

でも彼ともっとちゃんと話し合っていれば、ようすがおかしいことくらい気づいたはずなんですよね。

明美ちゃんが言うように、これからはまず自分の人生を見つけることから始めます。そうしたら、そのうち次のチャンスが巡ってくるよね。

明美ちゃんがいつもそばにいてくれて感謝してます。

遠藤　香

●受験への励ましの返礼 ●メール ●40代女性→50代女性

文例246 資格試験に際し励ましてくれた友人へのメール

●おたよりの理由 資格試験の受験のときに励ましてくれた友人に、試験合格の報告を兼ねたお礼のメールを送ります。

小泉　聖子　様
お元気でいらっしゃいますか。

介護福祉士試験の受験の際は、心のこもったおことばをいただき、ほんとうにありがとうございました。

おかげさまで無事試験に合格しました。

これもひとえに、あきらめそうになった私を、根気づよく励ましてくださった小泉様の支えがあったからと、心より感謝しております。

今まで現場で働いておりましても、資格がないというだけで信頼が得られないこともあり、悔しい経験を何度もしてきました。ですが、これからは胸を張って業務に取り組むことができます。

いつか小泉様といっしょに働ける日がくるとよいですね。

まずはご報告とお礼まで。

和田　直子

文例 247

定年退職に際し助言をくれた友人への手紙

●定年退職への励ましの返礼 ●手紙 ●60代男性→70代男性

拝啓　❶**年の瀬も押し迫ってまいりましたが、**いかがお過ごしでしょうか。

その節は、定年後の相談にのっていただき、誠にありがとうございました。

小生、このたび○△工業の関連会社に就職する運びとなりました。いっときは片岡様にお話ししたように、65歳の定年まで働き、その後は年金で悠々自適の生活をと考えておりました。しかし、あらためて定年後の生活を考えてみたところ、これといった趣味も生きがいもなし、ただ家に居たのでは妻の邪魔になるだけと考え直し、再就職の道を選ぶことにいたしました。

これも片岡様にご助言を賜ったおかげです。❷**片岡様が定年を寂しい気持ちで迎えられたということもよくわかりました。**会社一筋に生きていた者にとって、確かに定年は、肩書をなくし、世間に放り出されるような一抹の寂しさを伴うものですね。❸**こうして第二の人生を無駄にすることなく、円滑に歩みだせますこと、心より感謝しております。**

あらためてお礼にうかがいたいと存じておりますが、ひとまず手紙にて、ご報告とお礼まで。

敬具

●おたよりの理由　定年退職後の相談にのってくれた友人に、再就職の報告と、助言に対するお礼の手紙を送ります。

書き方のコツ

❶時候のあいさつ
「初冬の候」「立冬の候」「年末のみぎり」などの表現も、師走(12月)のあいさつとして用いられます。

❷助言への共感
心に残ったことばなどを具体的に記し、相手の助言に共感することで、助言が無駄ではなかったという気持ちを相手に抱いてもらいます。

❸感謝のことば
助言してもらったことによって、どのような影響を与えてもらったかを具体的に記し、感謝の気持ちをきちんと伝えます。

■現代レター研究会
相手に気持ちを伝える有効な手段としての手紙・はがき、さらに手軽な情報交換のツールとして有効なメール。それぞれの特長を生かした新しいレターのあり方を研究する編集者やライターなどによるグループ。『心が伝わる短い手紙の書き方』(法研)などの著書がある。

編集協力／株式会社耕事務所
執筆協力／野口久美子　稲川和子　佐々木美幸
カバーデザイン／ナカミツデザイン
本文デザイン／石川妙子

お見舞い・お悔やみ・励まし文例集

著　　者　現代レター研究会
発 行 者　東島俊一
発 行 所　株式会社 法 研
東京都中央区銀座1-10-1（〒104-8104）
販売03（3562）7671 ／編集03（3562）7674
http://www.sociohealth.co.jp
印刷・製本　研友社印刷株式会社

0102

ISBN978-4-86513-270-0　定価はカバーに表示してあります。
乱丁本・落丁本は小社出版事業課あてにお送りください。
送料小社負担にてお取り替えいたします。　②